UTB **3009**

Eine Arbeitsgemeinschaft der Verlage

Böhlau Verlag · Köln · Weimar · Wien
Verlag Barbara Budrich · Opladen · Farmington Hills
facultas.wuv · Wien
Wilhelm Fink · München
A. Francke Verlag · Tübingen und Basel
Haupt Verlag · Bern · Stuttgart · Wien
Julius Klinkhardt Verlagsbuchhandlung · Bad Heilbrunn
Lucius & Lucius Verlagsgesellschaft · Stuttgart
Mohr Siebeck · Tübingen
C. F. Müller Verlag · Heidelberg
Orell Füssli Verlag · Zürich
Verlag Recht und Wirtschaft · Frankfurt am Main
Ernst Reinhardt Verlag · München · Basel
Ferdinand Schöningh · Paderborn · München · Wien · Zürich
Eugen Ulmer Verlag · Stuttgart
UVK Verlagsgesellschaft · Konstanz
Vandenhoeck & Ruprecht · Göttingen
vdf Hochschulverlag AG an der ETH Zürich

UTB Profile

Daniel Tröhler

Johann Heinrich Pestalozzi

Haupt Verlag
Bern · Stuttgart · Wien

Daniel Tröhler, Prof. Dr. phil. (1959), Leiter des Instituts für Historische Bildungsforschung Pestalozzianum an der Pädagogischen Hochschule in Zürich. Mitherausgeber der Kritischen Ausgabe der Sämtlichen Werke und Korrespondenz Pestalozzis, Herausgeber der Reihe «Neue Pestalozzi-Studien», geschäftsführender Redaktor der «Zeitschrift für pädagogische Historiographie». Forschungsschwerpunkte: Geschichte und Historiographie der Pädagogik, Analyse pädagogisch relevanter Sprachen, neuere Schulgeschichte, Schulsteuerung, Internationalität von Bildungsfragen.

1. Auflage: 2008

Bibliografische Information der *Deutschen Nationalbibliothek*
Die Deutsche Nationalbibliothek verzeichnet diese Publikation in der Deutschen Nationalbibliografie; detaillierte bibliografische Daten sind im Internet über http://dnb.d-nb.de abrufbar.

ISBN 978-3-8252-3009-8

Satz: Verlag die Werkstatt, Göttingen

Alle Rechte vorbehalten
Copyright © 2008 by Haupt Berne
Jede Art der Vervielfältigung ohne Genehmigung des Verlages ist unzulässig

Printed in Germany

www.haupt.ch

Inhaltsverzeichnis

Einführung	7
Johann Heinrich Pestalozzi	15

1	Zürich in der Mitte des 18. Jahrhunderts: Wirtschaftliche und kulturelle Blüte sowie revolutionäre Umtriebe	15
2	Pestalozzis Jugend: Der republikanische Revolutionär	23
3	Landwirtschaft, Frühindustrie und die christliche Republik	31
4	Die alte Republik und das moderne Naturrecht	39
5	Die Französische Republik, der klassische Republikanismus und die innere Sittlichkeit	47
6	Die Helvetische Republik und die Entdeckung der «Methode»	55
7	Propaganda und institutioneller Erfolg	65
8	Pestalozzis Charisma als Garant und Problem	73
9	Das politische Testament des Pädagogen und seine Mission	83
10	Unbeirrbarkeit, Niedergang und beginnender Kult	91

Anhang	99

Einführung

Johann Heinrich Pestalozzi (1746–1827) ist einer der weltweit am häufigsten zitierten Autoren der Pädagogik. Dass er zwar häufig zitiert, aber nur wenig gelesen wird, mag auf der einen Seite kein gutes Licht auf die (pädagogische) Forschung werfen, macht aber auf der anderen Seite die Figur Pestalozzi besonders interessant. Warum, so die Frage, wird oft auf Pestalozzi verwiesen, wenn man ihn gar nicht liest? Warum gilt er als Begründer der modernen Volksschule oder als Vater der Sozialpädagogik, wenn man doch offensichtlich so wenig von ihm weiß? Warum erscheinen anlässlich seiner runden Geburts- oder Todestage (1896, 1927, 1946, 1977, 1996) Hunderte von Aufsätzen, Dutzende von Büchern, etliche Doktorarbeiten und sogar einzelne Habilitationen? Warum kann man sich mit Publikationen über Pestalozzi im publizistischen und akademischen Feld so hervorragend profilieren?

Die vorliegende Einführung versucht, diesem Phänomen auf die Spur zu kommen. Sie konzentriert sich als *intellectual biography* aber weniger auf die Pestalozzi-Rezeption oder Pestalozzi-Forschung im 19. und 20. Jahrhundert, sondern auf die intellektuelle Entwicklung eines Menschen, der in einem Zeitalter größter sozialer, politischer und wirtschaftlicher Veränderungen – der Amerikanischen, Französischen und Helvetischen sowie der industriellen Revolution – in bemerkenswerter Weise an sozialen Idealen festhielt, mit denen er sich schon als politisch äußerst engagierter Jugendlicher in den 1760er-Jahren identifiziert hatte.

Die Doppeldeutigkeit des Interesses an Pestalozzi

Das offensichtlich große Interesse an Pestalozzi verweist auf zwei Phänomene. Das erste Phänomen ist die pädagogische Forschung, die augenscheinlich einen ungebrochenen Bedarf an «großen Figuren» hat, seien dies nun Jean-Jacques Rousseau, John Dewey, Ellen Key, Maria Montessori oder Paolo Freire, Figuren, die man in der Regel als «Klassiker» bezeichnet. Von all den «Klassikern der Pädagogik» ist Pestalozzi nicht nur einer unter vielen, sondern *der* Klassiker schlechthin. In der Regel bezeichnet der Begriff eine Person, auf die auch heute noch geltende zentrale Gedanken, Problemstellungen oder Lösungen zurückgeführt werden. Was heute nicht mehr als wichtig erkannt wird, für das wird keine historische Figur gesucht, die man als «Klassiker» bezeichnet.

Das bedeutet aber auch, dass ein Klassiker kein «Produkt» seiner eigenen Zeit ist, sondern später erst «gemacht» wird. Er ist eine historische Konstruktion späterer Generationen, die glauben, ihre eigenen zentralen Anliegen und Probleme zum ersten Mal bei dieser oder jener historischen Figur erkannt zu haben. In den Gedanken und Werken dieser historischen Figur wird etwas Zentrales oder gar Zeitloses – etwas «Klassisches» eben – erkannt. Der Stellenwert eines Klassikers kann dabei so unbestritten hoch werden, dass es nicht einmal mehr nötig ist, ihn wirklich zu lesen. Nur zu oft ersetzt der Kult um Klassiker die historische Forschung. Statt zu forschen, wird verehrt, und das ist über viele Jahrzehnte mit vielen Klassikern – so vor allem auch mit Pestalozzi – geschehen. Allein der Verweis auf die Autorität des Klassikers genügt, um eigenen Argumentationen größeres Gewicht zu verleihen.

Das große Interesse an Pestalozzi verweist also zunächst auf den Zustand der Pädagogik als Wissenschaft, deren Bedarf an Klassikern so weit gehen kann, dass diese zwar zitiert, aber nicht unbedingt gelesen werden. Das zeigt etwa das extensive Zitieren des Slogans «Kopf, Herz, Hand», der im Werk Pestalozzis nur ein einziges Mal in dieser Gestalt vorkommt, nämlich in einem eher unbedeutenden Brief. Zweitens verweist das Interesse aber auch auf die historische Person selbst. Kaum jemand wird später zum Klassiker gekürt, wenn er nicht schon Leistungen vollbringt, die seinerzeit große Aufmerksamkeit erfahren haben. Pestalozzi hat das auf bemerkenswert vielfältige Art und Weise getan. Er wurde als Armenerzieher auf seinem landwirtschaftlichen Gut Neuhof bekannt (1773–1779), dann als Romanautor von *Lienhard und Gertrud* gefeiert (der erste Teil der ersten Fassung erschien 1781), später als politischer Publizist zu Beginn der Helvetischen Republik (1798/99) zum Teil gefürchtet und zuletzt als Begründer einer pädagogischen «Methode» und als Institutsleiter in Burgdorf, Münchenbuchsee und Yverdon berühmt (1800–1825). Ganz offensichtlich war Pestalozzi in einem hohen Maße das, was heute von Gegenwartsanalytikern und Zukunftsforscherinnen als zentrale Eigenschaft bezeichnet wird, um die *heutigen* Probleme zu lösen: intelligent und flexibel.

Wie schon der Pestalozzi-Biograf Peter Stadler betont hat, zeichnete sich Pestalozzi dadurch aus, sich schon fast wundersam aus großen persönlichen, finanziellen oder ideologischen Krisen zu befreien und Lösungen zu finden, die seinen Erfolg ausmachten. Seine Erfolgsstationen – Armenerzieher, Romanautor, politischer Publizist, Pädagoge – resultierten in der Regel als Befreiungen aus großen Krisen und mündeten oft wieder in neuen Problemen. Armenerzieher wurde Pestalozzi in den

1770er-Jahren unter anderem deshalb, weil seine landwirtschaftlichen Fähigkeiten begrenzt waren, was zu massiven finanziellen Problemen und letztlich – begünstigt durch weitere missliche Umstände – zum Bankrott des Neuhofs und damit auch zur sozialen Isolation der Familie Pestalozzi führte. Dem ersten Teil von *Lienhard und Gertrud* folgten drei weitere, deren Erfolg stetig kleiner wurde (1783, 1785, 1787), und als politischer Publizist wurde er sehr schnell verdrängt (1798/99). Nur als Pädagoge der «Methode» erlebte Pestalozzi über längere Zeit relativ ungebrochene Anerkennung, allerdings auch nur bis 1810. Und als 1816/17 interne Zwistigkeiten im Institut in Yverdon offen ausbrachen, wurde ein schon 1810 begonnener Prozess des Abbaus in einen der Auflösung überführt, der acht Jahre später in der Schließung der mittlerweile marode gewordenen Institution gipfelte. Auch der Tod Pestalozzis 1827 war kein Ereignis öffentlichen Ruhms; er starb verhältnismäßig einsam und ohne große öffentliche Anteilnahme im kleinen Städtchen Brugg nahe seines Guts Neuhof.

Erfolg und Scheitern als Grundlage des Interesses an Pestalozzi

Das Interesse an Pestalozzi gründet also nicht ausschließlich auf seinem Erfolg, sondern auch auf seinen Misserfolgen. Genauer gesagt hängt dieses Interesse damit zusammen, *wie* Pestalozzi selbst Erfolg und Misserfolg verband und seinen Erfolg mit dem vorgängigen Misserfolg in Beziehung setzte. Nirgends wird das deutlicher als bei der Begründung der «Methode» in den Jahren 1800/01, die ihm Ruhm in weiten Teilen der westlichen Welt einbringen sollte. Pestalozzi betonte in den zahlreichen Darstellungen der «Methode» stets, dass er diese gar nicht selbst *er*funden, sondern dass sie ihn vielmehr *ge*funden hätte. Diese Erklärung kann als Ausdruck von Pestalozzis Bescheidenheit gedeutet werden, erweist sich allerdings bei näherem Hinsehen als nicht mehr ganz so moderat. Denn Pestalozzis Überzeugung war es, dass es genau zwei Voraussetzungen gegeben habe, unter denen er die «Wahrheit» der «Methode» erkennen konnte. Die eine Voraussetzung ist eine kindlich-naive, das heißt «unverdorbene» Weltsicht, die ihm in seiner Kindheit und Jugend in einem primär von Frauen geprägten familiären Kontext vermittelt worden war – und die er im Unterschied zu vielen anderen Menschen habe erhalten können. Die andere Voraussetzung ist sein existenzielles Leiden in Zeiten der sozialen Isolation und der finanziellen Krise in den späten 1780er- und den 1790er-Jahren. Die Kombination beider Voraussetzungen, das heißt von Unverdorbenheit beziehungsweise Reinheit auf der einen und dem Leiden auf der anderen Seite, deutet auf ein biografisches Muster, das mindestens den Menschen im 18. und 19. Jahrhundert nur allzu gut bekannt war. Es sind die biografischen Elemente des Lebens Jesu: Unverdorbenheit, Leiden und Erlösung.

Pestalozzi hat sich selbstverständlich nicht angemaßt, Gottes Sohn zu sein, aber er hat im dreigliedrigen biografischen Motiv des Lebens Jesu – Unverdorbenheit des Gottessohns, (daher) ungerechtes, aber freiwilliges Leiden am Kreuz, (dadurch) Erlösung der Menschheit von ihren Sünden – eine Interpretation gefunden, seinem Leben und Leiden einen Sinn zu geben, der in der Entdeckung der «Methode» zu münden schien. Vor diesem Hintergrund war der Anspruch der «Methode» nicht einfach nur auf einige didaktische Kniffe beschränkt, sondern als umfassende Menschenbildung aufgefasst, die – angewandt in Erziehung und Schule – die zentralen Probleme der Gesellschaft lösen können sollte. Nach 1800 war Pestalozzi davon überzeugt, dass die Politik der Nationalstaaten Europas vollkommen versagt habe und dass es die Rolle einer neuen Pädagogik sein sollte, aus den Menschen verantwortungsvolle Bürger zu machen, bevor diese als politische Menschen agieren würden. Die Zukunft der Nation lag damit nach der Überzeugung Pestalozzis in der Hand der Pädagogik, genauer gesagt in der von ihm entdeckten «Methode».

Interessant ist, dass die Zeitgenossen Pestalozzis, wenn auch aus den unterschiedlichsten Gründen, diesen sehr weit reichenden Versprechungen, die Pestalozzi mit der «Methode» aufgrund seiner Lebensdeutung machen konnte, Glauben schenkten. Dabei stützten sich die meist begeisterten Berichterstattungen über Pestalozzis Bücher oder über Besuche in seinen Instituten selten auf theoretische Argumente beziehungsweise wirkliche Beobachtungen, sondern verknüpften diese fast immer mit dem leidenvollen Leben, das Pestalozzi geführt habe. Dabei verführte nicht zuletzt Pestalozzis außerordentliches Charisma Besucher dazu, den wirklichen Schulalltag in seinen Instituten eher zu positiv einzuschätzen oder aber theoretische Ungereimtheiten mit dem Verweis zu entschuldigen, die «Methode» sei noch nicht fertig entwickelt und es hapere nur an der realen Umsetzung, während der «Geist der Methode» unbestritten bleibe und diese – einmal richtig entwickelt – den gesamten Menschen harmonisch zu bilden vermöge und damit viel Gutes stiften werde.

Der zeitgenössische Kontext als Bedingung für das Interesse an Pestalozzi

Die auffallend große Bereitschaft der Zeitgenossen Pestalozzis, den Verheißungen der «Methode» zu glauben, hängt sicher mit Pestalozzis eigener Lebensinterpretation, seinem Charisma sowie seinem außerordentlichen Geschick in öffentlicher Selbstrepräsentation – man würde heute von *Public Relations* sprechen – zusammen. Aber es brauchte auch einen entsprechenden Kontext, der bereit war, diese biografischen Selbstinterpretationen und Versprechungen der «Methode» aufzunehmen und positiv auf sie zu reagieren. Pestalozzi war also nicht, wie viele Biografen später schrieben, seiner Zeit voraus, sondern traf vielmehr genau den Nerv seiner Zeit. Europa war nach der Amerikanischen (1776) und vor allem Französischen Revolution (1789) in politischer Hinsicht offensichtlich verunsichert, zumal die einzelnen nationalen Gesellschaften durch die massiven industriellen Entwicklungen Verschiebungen in der sozialen Struktur erlebten und nach und nach in nationale Wettkämpfe um die Vorherrschaft in der westlichen Welt und den Kolonien verstrickt worden waren. Die Sorge um nationale Einheit und Wohlstand dominierte alle Nationen Europas, und die meisten von ihnen begannen daran zu glauben, ihre Ziele mit einer radikal veränderten und verbesserten Erziehung beziehungsweise Schulung erreichen zu können. Pestalozzi hat zu diesem *Educational Turn* in der öffentlichen Diskussion um 1800 viel beigetragen, indem er mit viel Charisma, seinem autobiografischen Leiden-Erlösungs-Muster und mithilfe einer gezielten Propaganda das in politischer Hinsicht eher ratlose Europa davon überzeugen half, Erziehung sei die wahre Politik.

Pestalozzi und die pädagogische Forschung

Im Verlauf des 19. Jahrhunderts hatte sich Pestalozzis Schulpädagogik, das heißt die didaktischen Aspekte seiner «Methode», nicht durchsetzen können, was interessanterweise seinem guten Ruf nicht abträglich war. Pestalozzis Pädagogik beziehungsweise «Methode» wollte nämlich stets weit mehr sein als «nur» die Organisation und Durchführung schulischen Unterrichts, wollte «ganze» Menschen «harmonisch» bilden. Dieser Anspruch war es, der die Pestalozzi-Forschung nach dessen Tod für weit über 150 Jahre stets beschäftigte: Wie könnte Schule mehr machen als das, was sie bisher zu leisten imstande ist? Pestalozzi stellte für die pädagogische Forschung eine Autorität der Schulkritik dar, mit welcher der Schule Unzulänglichkeiten vorgeworfen wurden (und teilweise immer noch werden). Die Kritik an der «verkopften» Schule kann ebenso mithilfe Pestalozzis erfolgen wie jene an den Schulnoten, die das einzelne Kind zwar mit anderen Kindern vergleichen, aber es nicht mit sich selbst und seinem Fortschritt in Beziehung setzen.

Die Stilisierung Pestalozzis zum Begründer einer anderen und in jedem Fall besseren Pädagogik und Schule kann als das wichtigste Motiv der Pestalozzi-Forschung bis ins späte 20. Jahrhundert hinein betrachtet werden, wobei die Forschung die Grenzen zur Heiligsprechung Pestalozzis allzu oft überschritt. Kritische Stimmen wurden vor allem im Vor- und Umfeld des Jubiläumsjahres 1996 – Pestalozzis 250. Geburtstag – laut, als die Pestalozzi-Rezeption im 19. und 20. Jahrhundert kritisch aufgearbeitet wurde (Oelkers/Osterwalder 1995; Osterwalder 1996). Das Resultat der großen Pestalozzi-Tagung 1996 an der Universität Zürich lautete denn auch, dass Pestalozzis Werk und die Rezeption Pestalozzis deutlicher getrennt werden müssten, was den Weg zu einer Neulektüre seines Werks öffnete. Man sollte, so der Konsens, Pestalozzi nicht (mehr) durch die Augen seiner späteren Verehrer, sondern unter Berücksichtigung seines historischen Kontexts lesen.

Seit 1996 sind in der Tat einschlägige Untersuchungen entstanden, die das Werk Pestalozzis in den Mittelpunkt stellen und vor dem Kontext der zeitgenössischen Diskussionen und Entwicklungen interpretieren (vgl. Neue Pestalozzi-Studien, Bände 5 bis 10; Tröhler 2006). Gestützt werden diese neuen Forschungen durch die Edition der «Sämtlichen Briefe an Pestalozzi», die ab 2008 im Jahresrhythmus als «Kritische Ausgabe» erscheinen werden (Horlacher/Tröhler 2008 ff.). Inwiefern die neuen Forschungen und Editionen allerdings nachhaltige Wirkung auf das Interesse an Pestalozzi haben und wie weit sich dieses Interesse wandelt, wird erst die Zukunft zeigen.

Literatur

Oelkers, Jürgen & **Osterwalder**, Fritz (Hg.) (1995): Pestalozzi – Umfeld und Rezeption. Studien zur Historisierung einer Legende. Weinheim: Beltz

Osterwalder, Fritz (1996): Pestalozzi – ein pädagogischer Kult. Weinheim: Beltz

Stadler, Peter (1988/1993): Pestalozzi. Geschichtliche Biographie (zwei Bände). Zürich: NZZ

Tröhler, Daniel (2006): Republikanismus und Pädagogik. Pestalozzi im historischen Kontext. Bad Heilbrunn: Klinkhardt

Johann Heinrich Pestalozzi

1

Zürich in der Mitte des 18. Jahrhunderts: Wirtschaftliche und kulturelle Blüte sowie revolutionäre Umtriebe

In der Mitte des 18. Jahrhunderts war Zürich aus unterschiedlichen Gründen eine kulturell und wirtschaftlich blühende Stadt mit hoher internationaler Attraktivität. Allerdings wurden die gesellschaftlichen und politischen Veränderungen, welche insbesondere mit dem wirtschaftlichen Wachstum zusammenhingen, nicht von allen Bewohnern der Stadt gleichermaßen geschätzt. Ganz im Gegenteil: Kurz nach 1750 begann Kritik an diesen Veränderungen laut zu werden, weil man eine Abkehr von der alten, beschaulichen Lebensweise, einen zu großen Vorrang des Geldes und zudem eine zu große Dominanz reicher Leute befürchtete. Man wandte sich gegen eine zunehmende Kommerzialisierung des gesellschaftlichen Lebens, welche nach Auffassung der Kritiker die Grundlagen der Republik zerstörte. Diese republikanische Kritik scheint insbesondere bei vielen jungen Zürchern auf Interesse gestoßen zu sein, sodass nach 1760 eine revolutionäre Jugendbewegung entstand, die für die damaligen Verhältnisse sehr mutig auftrat und dadurch großen Aufruhr auslöste. Auch Pestalozzi sollte, wenn auch zu einem etwas späteren Zeitpunkt, Teil dieser Jugendbewegung werden und eine zentrale Rolle darin einnehmen.

Die politische Organisation der Republik Zürich im 18. Jahrhundert

Für das Verständnis von Pestalozzis politischer Sozialisation ist es wichtig zu wissen, wie Zürich politisch organisiert war. Zürich war, wie zahlreiche andere Territorien der Schweiz vor dem Ausbruch der Helvetischen Revolution 1798, ein Stadtstaat, wie man ihn in der Antike oder im Italien der Renaissance gekannt hatte. Ein Stadtstaat bestand aus einer meist mit Mauern geschützten Stadt mit freien Bürgern und einer umliegenden Landschaft, deren Einwohner weit weniger Freiheiten als die Stadtbürger besaßen und die vor allem für die Versorgung der Stadtbürger mit landwirtschaftlichen Gütern bestimmt war. Im Verlauf des 18. Jahrhunderts hatte sich durch eine gezielte städtische Politik die Schere zwischen den Freiheiten und Rechten der Stadtbürger auf der einen und den Landbewohnern auf der anderen Seite zusehends geöffnet. Diese Privilegierung der Stadtbürger gegenüber ihren Mitbewohnern auf dem Land wurde dadurch noch erhöht, dass seit Beginn des 18. Jahrhunderts keine zugewanderten Familien mehr das Stadtzürcher Bürgerrecht erhielten. Während des 18. Jahrhunderts bildete sich dadurch eine Herrschaft weniger Familien heraus, die sich insbesondere durch Handel ein Vermögen geschaffen hatten, wobei viele der Güter in der Heimindustrie auf der Landschaft gefertigt worden waren. Diese «Oligarchisierung» der sozialen Verhältnisse widersprach den Intentionen der Zürcher Zünfteverfassung, deren Ursprünge im 14. Jahrhundert liegen. Die Differenz zwischen dem historischen Ideal und der Gegenwart wurde zum Ausgangspunkt der Kritik an den Verhältnissen, welche nach 1760 in eine radikale Jugendbewegung mündete.

Die Zürcher Verfassung war eine Art Aristodemokratie, also eine Mischung aus Aristokratie und Demokratie. Das aristokratische Prinzip bestand darin, dass nicht alle männlichen Bewohner des Stadtstaats wählbar waren, sondern nur eine beschränkte Zahl, nämlich die Stadtbürger. Um Stadtbürger zu sein, musste man entweder Mitglied einer Zunft sein oder aber einem der wenigen adligen Geschlechter entstammen, die in einer eigenen Vereinigung, der «Constaffel», organisiert waren. Innerhalb dieses elitären Rahmens galt insofern ein demokratisches Prinzip, als die Vereinigungen jedes Jahr ihre Delegierten wählten, die dann im Großen Rat versammelt waren und damit das «Parlament» bildeten. Ein weiterer Teil des Großen Rats bestand aus dem Kleinen Rat, der sich seinerseits aus den Zunftmeistern zusammensetzte und im Unterschied zum Großen Rat täglich beriet und dementsprechend weit mehr Kompetenzen hatte. Innerhalb dieses ausgewählten Kreises gab es noch einen Geheimen Rat, der innen- und außenpolitisch heikle Geschäfte beriet, sowie zuoberst zwei vom Rat gewählte Bürgermeister, welche sich halbjährlich abwechselten.

Insbesondere die Einrichtung zweier alternierender Bürgermeister macht anschaulich, dass sich Zürich als Republik verstand. In der Regel beschreibt der Begriff «Republik» eine staatliche Form, in welcher sich die Bürger als «frei» bezeichnen, das heißt, in welcher sie sich selbst Gesetze geben können. Zumeist schließt ein solcher «Freistaat» einen König aus, vor allem aber eine Erbmonarchie, in welcher Menschen ohne Leistungsausweis und ohne gewählt zu werden unumschränkte Macht erhalten. Die schroffe Ablehnung der Erbmonarchie war durch die Vorstellung geleitet, dass Menschen mit zu viel Macht stets dazu neigen, die Machtfülle nicht für das Gemeinwohl einzusetzen, sondern für sich selbst zu missbrauchen und dabei entsprechend das Volk auszubeuten, ein Verhalten, das als «korrupt» bezeichnet wurde. Machtvolle Menschen, die in diesem Sinne korrupt sein konnten und waren, wurden seit der Antike als «Tyrannen» bezeichnet. Das Gegenbild des Tyrannen ist der freie Bürger, der Cityoen. Dieser ist in gewisser Weise ein ganzheitlicher Mensch, der sich als Berufstätiger um die Ernährung seiner Familie kümmert, als Politiker um gerechte Gesetze für das Gemeinwohl und als Soldat um die Verteidigung seines Vaterlandes. In dieser klassischen, auf die Antike zurückgehenden Vorstellung des freien Bürgers einer Republik spielt die politische und militärische Tugend des Bürgers eine entscheidende Rolle, weil sie es ist, die ihn davon abhalten soll, in der Ausübung politischer und militärischer Pflichten zu sehr an seine eigene Familie und deren Wohl zu denken. Zürich verstand sich als Republik, was nicht nur in der doppelten Bürgermeisterschaft zum Ausdruck kam, welche die Fülle des obersten Machtträgers einschränkte, sondern auch darin, dass am Tag der Wahl in den Großen Rat die Zünfter, das Wahlvolk, einen Eid ablegen mussten, nur den «Wägsten und Besten» zu wählen, das heißt Bürger mit ausgewiesenem vaterländischem Leistungsausweis. Eine Republik ist damit auch eine Meritokratie, in welcher Menschen gewählt werden sollten, die es aufgrund ihres großen Einsatzes für das Vaterland auch wirklich verdienten, mit Macht ausgestattet zu werden, und nicht weil sie aus einer berühmten Familie stammten oder viel Geld besaßen. Viel Geld und Luxus ist dem klassischen Tugendrepublikanismus Ausdruck von Egoismus und politisch-moralischem Verfall.

Die Kommerzialisierung des gesellschaftlichen Lebens in Zürich um 1750

Die Zürcher Verfassung war die eine Seite, die realen Entwicklungen die andere Seite des Zürcher Alltags im 18. Jahrhundert. Die feststellbare Oligarchisierung des gesellschaftlichen Lebens widersprach in vielerlei Hinsicht den Ideen der republikanischen Verfassung, was sich beispielsweise darin ausdrückt, dass ab Mitte des 17. Jahrhunderts nicht ein einziger Handwerker mehr Bürgermeister wurde, sondern in der Regel reiche Kaufleute oder Söhne einflussreicher Familien, die in den Zünften schnell Karriere machen konnten. Entscheidend in diesem Zusammenhang war auch eine Gesetzesänderung zu Beginn des 18. Jahrhunderts. Hatten bislang nur die ältesten Söhne dem Vater in der Zunft nachfolgen können, wurde diese Beschränkung nun aufgehoben. Fortan war es möglich, die Zünfte frei zu wählen, auch solche, die nichts mit dem angestammten Beruf der Vorväter der Familie zu tun hatten. Einflussreiche Familien konnten dadurch mehrere Söhne in den verschiedenen Zünften auf politische Laufbahnen schicken und dadurch ihre Macht noch stärker ausbauen.

Nicht nur die diversen neuen Gesetze – die massive Bevorzugung der Stadtbürger gegenüber den Einwohnern der Landschaft, die abgeschaffte Einbürgerung neuer Familien, die freie Zünftewahl für Stadtbürger – begünstigte die Oligarchisierung der Stadt, sondern auch eine lange Phase des stetigen Bevölkerungswachstums und eine kontinuierliche Entwicklung der Zürcher «Industrie» (vorwiegend Produktion und Handel von Spinnereierzeugnissen und Weberwaren). Weil die in Heimarbeit auf der Landschaft produzierten Güter um 1750 noch weitgehend von Hand gefertigt wurden, war der Investitionsbedarf der städtischen «Fabrikanten» gering. Die von größeren Krisen verschonte Entwicklung sowie ein System von Zöllen und Abgaben hatten dazu geführt, dass um 1750 nicht nur einzelne Familien sehr viel Geld besaßen, sondern auch die Stadt. Der Reichtum der Stadt Zürich stand im Gegensatz zur Finanzknappheit des monarchischen Auslands, das im 18. Jahrhundert einen äußerst aufwendigen Lebensstil pflegte – Versailles war das Vorbild, das überall nachgeahmt wurde – und nicht zuletzt für die stehenden Söldnerheere einen hohen Geldbedarf entwickelt hatte. Die große Nachfrage nach Kapital im Ausland und die vollen Kassen in der Stadt brachten die städtischen Magistrate dazu, über Kapitalexporte nachzudenken. 1754 wurde eine «Kommission zur Aufsicht über die Geldverzinsung» gegründet, der ein gewisser Johann Jacob Leu vorstand, auf den die heutige Zürcher Bank Leu zurückgeht. Diese Zinskommission nahm zunächst aus den verschiedenen städtischen Kassen und später auch von Privaten Gelder zu drei bis dreieinhalb Prozent Zinsen auf. Diese Gelder wurden mit dem Ziel, eine höhere Rendite einzubringen, in Staatsanleihen ausländischer Mächte investiert, aber auch als Kredite an Handelskompanien und Plantagen in Mittel- und Südamerika gewährt. Der Erfolg kam schnell und war groß, sodass in kürzester Zeit in Zürich sechs private Banken entstanden, die nach demselben Muster operierten.

Mit dieser staatlich initiierten Geldvergabe war etwas entscheidend Neues verbunden. Die Kreditvergabe *vor* 1750 hatte sich nämlich primär auf politisch beziehungsweise religiös gleich gesinnte Interessenten konzentriert. Im Zentrum standen politisch-religiös «gefährdete» Dörfer oder gar Höfe im Umfeld Zürichs, die von der katholischen Kirche umgarnt worden waren und die es durch Kredite in Abhängigkeit beziehungsweise zur Treue zum reformatorischen Glauben zu bringen galt. Einige wenige Darlehen wurden großen Staaten gewährt, wobei man sich im Fall Frankreichs zurückhaltend zeigte, da es die katholischen Orte der Schweiz begünstigte. Dieses System zielte auf direkte Darlehen an Fürsten, Gemeinwesen oder auch Privatpersonen und hing nicht zuletzt von persönlichen Kontakten ab; es war eine Art «persönliches» Geschäft. Diese Charakteristik änderte sich mit der Einsetzung der Zinskommission entscheidend. Es begann das Zeitalter des unpersönlichen Systems der Anleihe. Entsprechend wurde die politisch-religiöse Dimension bei der Geldvergabe aufgeweicht und in den Hintergrund geschoben, und es wurden mehr oder weniger beliebige Interessenten ungeachtet ihrer politisch-ideologischen Einstellung berücksichtigt, solange sie sich als kreditwürdig zu präsentieren vermochten. Von dieser veränderten Praxis profitierten nicht zuletzt diejenigen Länder, gegenüber denen man zuvor aus politischen Gründen zurückhaltend gewesen war. Was allein zählte, war die vermutete Zahlungsfähigkeit der Gläubiger und damit der zu erwartende Zinsgewinn. Das Geldwesen hatte sich dadurch von der moralisch-politischen Klammer der Zürcher Republik gelöst und war «kapitalistisch» geworden.

Diese Kommerzialisierung der offiziellen Politik und dann auch der privaten Banktätigkeiten hatte im sozialen und kulturellen Leben Parallelen. Die Veränderungen zeigten sich besonders deutlich in der regen Bautätigkeit, welche sowohl eine quantitative Zunahme als auch eine ästhetische Neuorientierung umfasste. Das markanteste Beispiel erfolgte mit dem Beschluss der politisch sehr einflussreichen und kapitalkräftigen «Zunft zur Meisen» von 1751, ein neues Gesellschaftshaus zu errichten. Der Baumeister wagte es dabei, aus den traditionellen, relativ anonymen lokalen Traditionen auszubrechen, unter Einfluss der österreichischen und französischen Architektur auf ein geschlossenes Bauwerk zu verzichten und stattdessen einen französischen Flügelbau im Stil des Rokoko zu bauen. Die Fassade gestaltete er nach österreichisch-böhmischer Manier, was dem Bau einen besonderen, wenn auch für Zürich außerordentlich fremden Reiz gab. Trotz der öffentlichen Skepsis beziehungsweise Empörung, welche das Gebäude auslöste, wurden in den folgenden Jahren weitere Prachtbauten, auch für Private, gebaut. Die Kommerzialisierung des Zürcher Lebens war sichtbar und damit kritisierbar geworden, das zentrale Stichwort war «Luxus», das seit der Antike mit Verweichlichung, Verweiblichung sowie den Leidenschaften verbunden worden war – und dem männlichen Ideal der politisch-militärischen Tugend diametral gegenüberstand.

Der Kampf gegen Korruption und Verfall

Die Kommerzialisierung des gesellschaftlichen Lebens im 18. Jahrhundert ging einher mit der Oligarchisierung der städtischen Gesellschaft, und beide wurden – in den Augen der Verfechter der Idee der Tugendrepublik – als notwendigerweise miteinander verbunden verstanden. Beide Phänomene erschienen als Ausdruck einer Entfernung von den ideellen und historischen Grundlagen der freien Republik Zürich, als sichere Indizien des Niedergangs des Freistaats, des Aufkommens einer korrupten Günstlingswirtschaft und der Herrschaft egoistischer Kapitalisten ohne jeden Patriotismus. Zürich schien als freie, stolze Republik ernsthaft in Gefahr geraten zu sein, was vielfältige Reaktionen und Kritiken auslöste.

Die Kritik an den Entwicklungen in Zürich trug stark historisch-idealisierende Züge. Die Veränderungen wurden als Niedergang einer einst großen, starken, tugendhaften Vorzeit gesehen, als Verrat an den «Vätern», das heißt an den Helden der Freiheitskämpfe im 14. Jahrhundert, welche in den Augen der Kritiker selbstlos und brüderlich ihr Leben für die Freiheit des Vaterlandes gelassen hatten. Die Erinnerung an diese Heldenzeit der Alten Eidgenossenschaft stammte von einem Historiker, dem an der Zürcher Akademie lehrenden Johann Jacob Bodmer (1698–1783), in dessen Umkreis sich die bereits erwähnte Jugendbewegung bilden sollte. Bodmer genoss in Europa einen hervorragenden Ruf, den er allerdings weniger seiner Geschichtsschreibung als vielmehr seiner Lehre über die richtige Poesie verdankte. Dieses Ansehen hatte er um 1740 mit seinem Freund und Kollegen Johann Jacob Breitinger (1701–1776) in einem große Wellen werfenden öffentlich geführten Literaturstreit gegen Johann Christoph Gottsched (1700–1766) gewonnen. Zusammen mit weiteren berühmten Literaten und Kunstschaffenden wie dem Dichter und Maler Salomon Gessner (1730–1788) oder dem landwirtschaftsreformerischen Schriftsteller und Stadtarzt Johann Caspar Hirzel (1725–1803) war Zürich zum Mekka des kulturell-ästhetischen Europa geworden: Friedrich Gottlieb Klopstock und Christoph Martin Wieland zog es genauso nach Zürich wie Ewald Christian von Kleist und etwas später Johann Georg Fichte oder Christoph Meiners, die sich im «Athen des Nordens» glaubten.

Bodmers politisches Geschichtsverständnis, das ein starkes Bekenntnis zum schweizerischen Freiheitskampf im 14. Jahrhundert voraussetzte, führte ihn über den historischen «Vergleich» mit der als heldenhaft gedeuteten Vorzeit dazu, die Gegenwart als im Niedergang begriffen zu deuten. Die Ideale der damaligen brüderlichen Eidgenossen, die selbstlos und getränkt von der Liebe zur Freiheit und zum Vaterland gewesen seien, schienen ihm wie auch vielen anderen Schweizern des 18. Jahrhunderts als gefährdet, wenn nicht gar verloren. Bodmer nutzte seine Position als Professor an der Zürcher Akademie und las mit seinen Studenten Montesquieus *De l'Esprit des Loix* (1748), in welchem beschrieben wird, wie Luxus und Reichtum die Republiken stets ausgehöhlt und dem Verfall preisgegeben hätten. Da die Vätergeneration seiner Studenten bereits als korrumpiert, das heißt den Leidenschaften für Geld und Ruhm ausgesetzt, gedeutet wurden, schickte sich Bodmer an, eine neue Generation republikanischer Helden heranzuziehen, die dereinst in den politischen Ämtern den Stadtstaat Zürich erneut zu republikanischem Glanz bringen sollten.

Er versammelte einige seiner begabtesten Studenten – alle im Alter zwischen 17 und 22 Jahren – und las und diskutierte mit ihnen neben dem Studium in seinem Haus antike und moderne politische Schlüsselwerke sowie die Geschichte der Schweiz, was die Jungen in ihrem Urteil nur bestärkte, dass Zürich kurz vor der inneren Auflösung stünde. Bodmer selbst begann Dramen über mittelalterliche Helden zu schreiben, die von den Studenten gelesen wurden. Höhepunkt war die Veröffentlichung des Dramas *Die gerechte Zusammenschwörung* 1762, das erste Wilhelm-Tell-Drama des 18. Jahrhunderts in deutscher Sprache, in welchem die Grausamkeit des Tyrannen Gessler besonders anschaulich gemacht wird und das in der Rechtfertigung des Tyrannenmords durch

Wilhelm Tell mündet. Enthusiastisch bestärkt durch die Lektüre Bodmers und anderer Schriften über die großen Freiheitshelden der Antike und des schweizerischen Freiheitskampfs im 14. Jahrhundert begannen sich die jungen Studenten selbst als «Patrioten» und «Söhne Spartas» zu bezeichnen. Sie waren entschlossen, in republikanischer Standhaftigkeit Ungereimtheiten und Ungerechtigkeiten in der Stadt Zürich zu bekämpfen und ohne Rücksicht auf ihr persönliches Schicksal die Stadt vor weiterem Niedergang zu bewahren. Sie fanden sich auch ohne ihren Übervater Bodmer in verschiedenen, zum Teil geheimen Jugendzirkeln zusammen und schmiedeten Pläne, mit denen sie aktiv in die Politik einzugreifen gedachten, was sie in ihrem Alter von Gesetzes wegen gar nicht hätten tun dürfen. Um 1762 war die Zeit gekommen, in welcher die republikanische Kritik an den Zuständen in der Stadt Zürich auch praktisch umgesetzt wurde, was von den radikalsten der Studenten durchaus in Abgrenzung zur «Reform» als «Revolution» bezeichnet wurde.

Literatur

Holzhey, Helmut & **Zurbuchen**, Simone (Hg.) (1997): Alte Löcher – neue Blicke. Zürich im 18. Jahrhundert. Zürich: Chronos

Peyer, Hans Conrad (1968): Von Handel und Bank im alten Zürich. Zürich: Berichthaus

Wehrli, Max (Hg.) (1989): Das geistige Zürich im 18. Jahrhundert. Texte und Dokumente von Gotthard Heidegger bis Heinrich Pestalozzi. Basel: Birkhäuser

Wysling, Hans (Hg.) (1983): Zürich im 18. Jahrhundert. Zürich: Berichthaus

2

Pestalozzis Jugend: Der republikanische Revolutionär

Pestalozzis Jugendzeit fällt in die Mitte einer Jugendbewegung, die sich selbst als ein Aufbegehren gegen Missstände in der Stadt Zürich verstand. Diese Missstände wurden als rasanter Verfall des städtischen Lebens gesehen, der auf eine tief greifende Kommerzialisierung des gesellschaftlichen Lebens zurückgeführt wurde. Luxus, Günstlingswirtschaft, Korruption und schwindender Patriotismus wurden diagnostiziert und entsprechend das Ideal standhafter, gemeinwohlorientierter Bürger gepriesen, zu denen sich die Jugendlichen selbst bilden wollten, um mit heldenhaften Aktionen die Stadt vor dem Verfall zu retten. Das Vorbild dieses Ideals waren die Bürger Spartas, die tugendhaften, selbstlosen Bürger einer starken Republik. Pestalozzi schloss sich dieser Jugendbewegung 1764 im Alter von 18 Jahren an, zu einem Zeitpunkt, an dem die ersten großen Helden der Jugendbewegung schon nicht mehr aktiv waren und die Organisation einer größeren Bewegung ins Stocken geraten war. In dieser Krisensituation wurde Pestalozzi schnell zum radikalen «Patrioten», der sich durch mutige Taten und feurige Publikationen profilierte. Es entstand eine Liebesbeziehung zu Anna Schulthess, einer Tochter aus angesehenem Stadtzürcher Bürgerhaus. Die Hochzeit der beiden fand 1769 statt, wurde allerdings von Annas Eltern boykottiert, weil Pestalozzi als radikaler Patriot und Studienabbrecher im Establishment wenig Ansehen genoss.

Die Jugendbewegung in Zürich nach 1760

Die republikanische Unzufriedenheit resultierte aus der Analyse der politischen und sozialen Gegenwart Zürichs. Diese wurde als durch Kommerz verursachten Zerfall der einstigen Vorzeigerepublik Zürich verstanden, was nicht etwa eine intensive intellektuelle Beschäftigung mit einschlägiger Literatur von Xenophon bis Montesquieu auslöste, sondern eine Anzahl besonders republikanisch gesinnter Studenten dazu brachte, sich in geheimen oder halb geheimen Zirkeln zu versammeln. In diesen wurde diskutiert, mit welchen Aktionen die Stadt Zürich vor ihrem Niedergang zu bewahren sei. Von ihrem Ideal des unerschrockenen, standhaften und tugendhaften Bürgers ausgehend, glaubten sie sich unbedingt dazu berufen, die schlimmsten Übelstände der Stadt aufzudecken in der Hoffnung, dass die Stadt dadurch genesen würde. Beispiele korrupter Machtträger, die es galt, aus der Republik zu verdrängen, glaubte man genügend zu kennen.

Die im Verlauf des 18. Jahrhunderts nachweisbare Oligarchisierung der städtischen Gesellschaft Zürichs hatte in der Tat dazu geführt, dass bei einzelnen Exponenten der politischen Administration des Stadtstaats von Machtmissbrauch, Günstlingswirtschaft und Korruption gesprochen werden kann. Diese Tatbestände waren schon in der damaligen Zeit mehr oder weniger bekannt, aber das System der mittlerweile nur noch auf wenige Familien reduzierten Machtstruktur verunmöglichte es weitgehend, die Beamten zur Rechenschaft zu ziehen. Genau diese protegierten «korrupten» Machtträger rückten nun ins Visier der Aktivitäten der jungen «Söhne Spartas», indem sie öffentlich die Verfehlungen anprangerten – eine mutige Strategie noch nicht bürgerberechtigter junger Menschen im Zeitalter der politischen Pressezensur.

Gleich der erste Fall einer öffentlichen Anprangerung korrupter Amtsführung endete in einer massiven Störung des öffentlichen Lebens in Zürich. An ihm waren zwei junge Theologen beteiligt, die später beide außerordentlich berühmt werden sollten: der nachmalige Maler Johann Heinrich Füssli (1741–1825), der in London unter dem Namen Henry Fusely die Kunstwelt bewegte, und der spätere Zürcher Pfarrer Johann Caspar Lavater (1741–1801), der mit seinen *Physiognomischen Fragmenten* (1775–1778) große Aufmerksamkeit in weiten Teilen Europas auf sich zog. Die beiden hatten im Sommer 1762 einem Landvogt namens Felix Grebel (1714–1787), Schwiegersohn eines der beiden Regierenden Bürgermeister der Stadt Zürich, ein anonymes Schreiben geschickt, in welchem sie ihn zur Wiedergutmachung seiner ausbeuterischen und erpresserischen Amtsführung aufforderten. Als der beschuldigte Landvogt sich im Verlauf des Jahres nicht genötigt fühlte zu reagieren, griffen Lavater und Füssli zum Mittel der öffentlichen Anklage. Diese blieb allerdings nicht nur auf den fehlbaren Landvogt alleine gerichtet, sondern – angesichts der herrschenden Zensur sehr mutig – auch auf die politische Elite der Stadt Zürich, die den Landvogt so lange gedeckt hatte. Entsprechend lautete das im Dezember 1762 im

Schatten der Nacht an die politische Elite verteilte anonyme Pamphlet *Der ungerechte Landvogt; oder Klagen eines Patrioten über die ungerechte Regierung*. Der Begriff des Tyrannen wird darin ebenso erwähnt wie der Tyrannenmörder Brutus gelobt.

Die Aktion versetzte die Stadt in Aufruhr. Immerhin wurde aber der Fall Grebel untersucht, der sich durch die Flucht ins Ausland der Strafverfolgung entziehen konnte. Die anonymen Verfasser wurden öffentlich aufgefordert, sich bei den Behörden zu melden, was diese, standhaft genug, auch taten. Als Söhne ebenfalls sehr einflussreicher Familien konnten sie mit einer verhältnismäßig milden Strafe rechnen. Sie erhielten von der Regierung einen scharfen Verweis und wurden auf eine einjährige «Bildungsreise» geschickt – die Wogen sollten so schnell wie möglich geglättet werden. Füssli kam von dieser Reise nicht mehr nach Zürich zurück, sondern reiste nach London weiter, wo er seine erfolgreiche künstlerische Karriere begann. Seine Malereien zur alten Schweizer Freiheitsgeschichte, insbesondere des Rütlischwurs, gelten noch heute als Inbegriff der heroischen Verehrung der Gründungszeit der Schweiz. Trotz der schnellen Abreise der beiden «Täter» im Januar 1763 war ihre Wirkung beachtlich; und im Kreis anderer, etwas jüngerer «Patrioten» wurden beide zu den unumstrittenen Helden der republikanischen Revolution gegen die noch immer als korrupt bezeichnete Stadt Zürich. Verehrt wurden sie vor allem im Kreis der am 1. Juli 1762 gegründeten *Moralisch-politischen und historischen Gesellschaft*, einer Sozietät junger Theologen im Alter von 17 bis 20 Jahren, die ebenfalls im Umfeld des Geschichtsprofessors an der Zürcher Akademie Johann Jacob Bodmer (1698–1783) einschlägig politisiert worden waren und über historische Studien zur moralisch-politischen Verbesserung der Stadt Zürich beitragen wollten. Johann Heinrich Pestalozzi sollte im Sommer 1764, rund zwei Jahre nach ihrer Gründung, der Gesellschaft beitreten, die sich allerdings am 24. Dezember 1764 bereits wieder auflöste.

Pestalozzis radikaler Republikanismus

Johann Heinrich Pestalozzi wurde am 12. Januar 1746 als drittes Kind des mäßig erfolgreichen und ohne akademisches Studium praktizierenden Chirurgen Johann Baptist Pestalozzi (1718–1751) und seiner Frau Susanna Pestalozzi-Hotz (1720–1796) geboren. Die im Sozialgefüge der Stadt Zürich nicht sehr hohe Stellung der bürgerberechtigten Familie Pestalozzi war durch die Heirat Johann Baptists mit der aus der unterprivilegierten Landschaft stammenden Susanna Hotz 1742 eher verschlechtert worden, wenngleich die Familie Hotz – auf der Landschaft – eine durchaus hohe Stellung einnahm. Der frühe Tod des Familienvaters 1751 im Alter von nur 33 Jahren machte es schwierig, sich im gesellschaftlichen Leben der Stadt zu etablieren. Dafür standen schlicht zu wenig finanzielle Mittel zur Verfügung. Verglichen mit Kindern gut situierter Bürgerfamilien wuchs Pestalozzi daher in eher ärmlichen Verhältnissen auf, in denen Sparsamkeit nicht nur eine rhetorische Tugend, sondern notwendigerweise gelebter Alltag war. Vom allgemeinen wirtschaftlichen und kulturellen Aufschwung, den Zürich seit 20 oder 30 Jahren erlebte, konnte die Familie Pestalozzi kaum profitieren und war entsprechend im Prozess der Oligarchisierung des gesellschaftlichen Lebens «auf der anderen Seite», ohne dass sie jedoch einmal in existenzielle Armut verfallen wäre.

Pestalozzis «Schulkarriere» verlief unstet, aber dennoch kontinuierlich und erfolgreich. Am Ende seiner obligatorischen Schulzeit, die mit der Konfirmation endete, begann er im Frühjahr 1763 sein Studium an der Zürcher Akademie, also genau in der Zeit, als die republikanische Agitation der jungen Theologen mit der fluchtartigen Abreise des korrupten Landvogts Grebel ins Ausland einen ersten Höhepunkt erreicht hatte. Offensichtlich gefesselt von den historischen Studien beim Geschichtsprofessor Johann Jacob Bodmer, die schon bei der ersten «Generation» revolutionsbereiter Theologen Wirkung gezeigt hatten, näherte sich der junge Student den radikaleren Kreisen, insbesondere der am 1. Juli 1762 gegründeten *Moralisch-politischen und historischen Gesellschaft*, an.

Im August 1764 wurde Pestalozzi nach einigen Monaten im Status des Auditors zur Prüfung zugelassen, um dann ordentliches Mitglied zu werden. Die Prüfung bestand aus einer Rede zu einem frei gewählten Thema, die dann von den Mitgliedern kritisch beurteilt wurde und letztendlich über Aufnahme oder Ablehnung entschied. Pestalozzis Präsentation war eine *Lobrede auf den Spartanischen König Agis*, auf die er noch im hohen Alter stolz war. Es handelt sich um die tragische Lebensgeschichte des vorbildlichen, tugendhaften Spartanerkönigs Agis, der sich unermüdlich dem Gemeinwohl geopfert hatte, der jedoch während seiner kriegsbedingten Abwesenheit durch einen durchtriebenen und korrupten Tyrannen abgesetzt worden war. Mit geschickten Vergleichen zu Demosthones' Reden über den Verfall der Stadt Athen gelang es Pestalozzi, eine Parallele zur Jugendbewegung in Zürich und den als verfallen geltenden Zuständen der Stadt zu ziehen, ohne dies direkt sagen zu müssen. Die Geschichte endet mit der durch die mutigen und freiheitsliebenden Bürger Spartas ermöglichten triumphalen Rückkehr Agis' nach Sparta, der seinen Widersacher nach der verhängten Todesstrafe großzügig begnadigt. Der gestürzte Tyrann zeigt sich in der Folge aber als unbelehrbar und ermordet seinerseits Agis. Die Moral der Geschichte ist recht eindeutig: Tyrannen dürfen, sie sollen sogar im Namen des Gemeinwohls ermordet werden.

Mit dieser Rede wurde Pestalozzi nicht nur problemlos in die *Moralisch-politische und historische Gesellschaft* aufgenommen. Sie war gleichzeitig die Basis einer «Karriere» ins radikale Zentrum der Jugendbewegung, die nach der Auflösung der Gesellschaft im Dezember 1764 teilweise «in den Untergrund» ging, um von dort aus gezielte Aktionen zur Umwälzung der bestehenden Verhältnisse vorzubereiten. Von langwierigen Reformen hielten die jugendlichen Heißsporne wenig. Gelegenheiten zur öffentlichen Anklage gab es viele, und die Zürcher Obrigkeit begann zusehends, ihre ursprünglich eher verständnisvolle Haltung abzulegen. Mit voller Härte ging sie im Winter 1766/67 vor, als der Sohn einer sozial unterprivilegierten Familie – der Vater war Stadttrompeter – mit einem Pamphlet einen Entscheid der Zürcher Regierung kritisierte, Soldaten nach Genf zu entsenden, um dort dem aristokratischen Kleinen Rat gegen die Mitglieder des mehr Rechte verlangenden Großen Rats beizustehen. Der Autor des Pamphlets musste die Stadt fluchtartig verlassen und konnte erst 30 Jahre später zurückkehren. Pestalozzi, der zuerst verdächtigt worden war, Urheber der Schrift zu sein, wurde verhört und sogar in dreitägigen Arrest gesetzt. Später musste er wegen Fluchthilfe drei Klafter Holz bezahlen, mit welchem die «Schandschrift» vom Scharfrichter öffentlich verbrannt wurde. Die Jugendbewegung hatte mit dem entschiedenen Eingreifen der Obrigkeit zumindest an der Oberfläche ein Ende gefunden, wobei die jungen Männer auch zusehends mit anderen Themen als der politischen Rettung des Vaterlandes beschäftigt waren, nämlich mit der Frage der Familiengründung und der Berufswahl.

Republikanische Partnerinnen- und Berufswahl

In den fünf Jahren der öffentlich sichtbaren Jugendbewegung 1762 bis 1767 hatten alle jungen Theologen ihr Studium abgeschlossen mit Ausnahme Pestalozzis, der sein Studium abgebrochen hatte. Alle waren mittlerweile über 20 Jahre alt und standen vor wichtigen beruflichen und familiären Entscheidungen. Der 1764 von seiner «Bildungsreise» zurückgekehrte Johann Caspar Lavater hatte bereits 1765 standesgemäß geheiratet, andere waren verlobt oder zumindest mit dem Thema der Familiengründung beschäftigt. Voraussetzung zur Gründung einer Familie war ein Beruf, der die Familie wirtschaftlich absicherte.

Wie schwierig es für junge radikale Patrioten war, sich für einen Beruf zu entscheiden, zeigt sich an Johannes Schulthess (1744–1830), einem Freund Pestalozzis. Als Sohn eines sehr erfolgreichen Händlers war Johannes vorgesehen, das Geschäft des Vaters zu übernehmen. Für einen radikalen Republikaner, der im Handel den Ursprung des Niedergangs der Stadt Zürich erkannte, war die Entscheidung, selbst Händler zu werden, gleichbedeutend mit dem Schicksal, selbst korrupt zu werden und zum weiteren Niedergang der Stadt beizutragen. In seiner Not reiste der junge Schulthess (1765) ins Val de Travers, wo sich Jean-Jacques Rousseau (1712–1778) befand, der in den Kreisen der jungen Patrioten hohes Ansehen genoss. Rousseaus Empfehlung war einfach, aber radikal. Seiner Analyse zufolge korrumpierte nicht nur der Handel die Menschen, sondern auch die gelehrte Welt. Das Einzige, was man tun könne, sei, so der Ratschlag, sich weit weg von der korrupten Stadt ein Stück Land zu kaufen, Landwirt zu werden und sich in bescheidener Manier nach Kräften der Tugend und dem Wohl des Vaterlandes zu widmen. Das Idealbild dieser Empfehlung kannten die jungen Zürcher von den Schlusspassagen des fünften Buchs des 1762 erschienenen Romans *Emile* bestens, wo Sophie und Emile eine auf agrarische Grundlagen gestützte soziale Reform umsetzen.

Rousseaus Plädoyer für die agrarische Lebensweise stieß insofern nicht auf unvorbereiteten Boden, als seit Mitte des 18. Jahrhunderts die Landwirtschaft immer stärker ins Bewusstsein vieler ökonomisch interessierter Menschen rückte. Es wurde erkannt, dass die Landwirtschaft unverzichtbares Rückgrat der Wirtschaft war und durch entsprechende Reformen viel zum nationalen Reichtum beitragen konnte. Entsprechend wurden zahlreiche Musterbetriebe eingerichtet, Theorien entwickelt (Physiokratie, Agronomie), und es wurde vor allem versucht, die Bauern dazu zu bewegen, technische Innovationen auch wirklich umzusetzen. Die Exponenten dieser agrarischen Reformbewegung werden in der Forschung nicht zu Unrecht als «ökonomische Patrioten» bezeichnet, weil die Steigerung der landwirtschaftlichen Produktion als Stärkung der vaterländischen Wirtschaft verstanden wurde, die allen, also auch den Bauern, zugute kommen sollte.

Radikal an Rousseaus Vorschlag war nicht so sehr seine Wertschätzung des agrarischen Lebens, sondern der Umstand, dass Söhne städtischer Bürger selbst ein Leben führen sollten, das man mit den minderprivilegierten Bewohnern der Landschaft in Zusammenhang brachte, zumal es in der Zürcher Republik – im Unterschied etwa zu Bern – traditionell viel engere Bezüge zum Handel als zur Landwirtschaft gab. Die durch Rousseau entzündete konkrete Vorstellung, in der Natur ein bescheidenes, tugendhaftes Leben führen zu können, begeisterte die jungen radikalen Zürcher, wobei es nur Pestalozzi war, der diesen Plan auch wirklich umsetzte. Er absolvierte auf einem bernischen Mustergut in Kirchberg bei Burgdorf eine Landwirtschaftslehre, die er allerdings viel zu früh abbrach, um in der Nähe von Zürich Land für einen eigenen Gutsbetrieb zu suchen, für den er sich schon genügend ausgebildet fühlte. Ein wichtiger Grund dieser eher überstürzten Aktion war seine Liebesbeziehung zu Anna Schulthess (1738–1815) – entfernt verwandt mit dem bereits erwähnten Johannes Schulthess –, einer selbstbewussten Frau aus einer sehr gut situierten und reichen Zürcher Bürgerfamilie, die ihrerseits an der Vorstellung von Pestalozzi als künftigem Schwiegersohn nur wenig Gefallen fand. Sein Werben um Anna war entsprechend hindernis-, aber dennoch erfolgreich. Er gewann 1767 Annas Liebe mit teils erschütternden Briefen, in denen er seine eigenen Unzulänglichkeiten und seine Liebe offen legte, aber ebenso seine unbedingte Hingabe an das Vaterland, welchem er den absoluten Vorrang vor der Ehefrau zu geben versprach.

> **Zitat**
>
> **In seinem «offiziellen» Werbebrief an Anna Schulthess Anfang Juli 1767 schrieb Pestalozzi unter anderem: «In Absicht auf den Ehestand muss ich Ihnen das sagen, meine Teure, dass ich die Pflichten gegen meine geliebte Gattin den Pflichten gegen mein Vaterland für untergeordnet halte und dass ich, ungeachtet ich der zärtlichste Ehemann sein werde, es dennoch für meine Pflicht halte, unerbittlich gegen die Tränen meines Weibes zu sein, wenn sie jemals mich mit denselben von der gerade Erfüllung meiner Bürgerpflicht, was auch immer daraus entstehen möge, abhalten wollte.» (PSB I, S. 29)**

Passagen wie diese drückten Pestalozzis rigorose Einstellungen aus, die bei der Adressatin durchaus auf große Resonanz und Zustimmung stießen. Ihr Stolz auf den mutigen jungen, im Rahmen städtischer Verhältnisse unterprivilegierten und acht Jahre jüngeren republikanischen Patrioten wandelte sich in Liebe, deren ungünstiger Ausgang zu einem über zwei Jahre dauernden Briefwechsel führte, in welchem die Nöte der

Trennung nur allzu sichtbar und verständlich werden. Am 30. September 1769 wurde das Paar in dem Weiler Gebenstorf unweit des späteren Guts Neuhof getraut, ohne Beisein der verärgerten Eltern Annas, denen es immerhin gelungen war, eine Heirat in der Stadt Zürich zu verhindern.

Bald begann der Bau des Neuhofs auf dem Stück Land, das Pestalozzi in der Nähe der Dorfs Birr hatte kaufen können, ein Gebäude, das zwar nicht herrschaftlich war, das sich aber dennoch von den üblichen Bauernhäusern der Gegend unterschied. Noch bevor sie im Frühjahr 1771 den Neuhof beziehen konnten, kam am 14. August 1770 das einzige Kind der Familie zur Welt, Hans-Jakob (1770–1801), dem wegen einer Epilepsieerkrankung ein nur relativ kurzes Leben beschieden sein sollte.

Literatur

Graber, Rolf (1993): Bürgerliche Öffentlichkeit und spätabsolutistischer Staat. Sozietätenbewegung und Konfliktkonjunktur in Zürich 1746–1780. Zürich: Chronos

Tröhler, Daniel (2006): Republikanismus und Pädagogik. Pestalozzi im historischen Kontext. Bad Heilbrunn: Klinkhardt, S. 39–164

Volz-Tobler, Bettina (1997): Rebellion im Namen der Tugend. «Der Erinnerer» – eine Moralische Wochenschrift, Zürich 1765–1767. Zürich: Chronos

Landwirtschaft, Frühindustrie und die christliche Republik

Die politische Sozialisation Pestalozzis im Zürich der frühen 1760er-Jahre hatte einen fundamental antikommerziellen Charakter und alle «Jugendbewegten» jener Zeit zur Überzeugung gebracht, nur ein «stilles» bäuerliches Leben auf dem Land garantiere in Zeiten der durch Geldwirtschaft korrumpierten Stadt ein tugendhaftes Leben. Nur einer wagte den Schritt in die Landwirtschaft, nämlich Pestalozzi, der bereits in seiner Lehrzeit Erfahrungen sammelte, die ihn von seinen politischen Weggefährten und Freunden in Zürich entfernten. Insbesondere begann er sich von der strikt antikommerziellen Ideologie zu distanzieren und in der Frühindustrie Chancen für die teils verarmte ländliche Bevölkerung zu sehen, die allerdings für den Umgang mit den neuen wirtschaftlichen Verhältnissen ein Minimum an Bildung zu benötigen schien und überdies eine wirtschaftspolitische Liberalisierung voraussetzte. Vor dem Hintergrund dieser ideologischen Neuorientierung konnte Pestalozzi nach ernsten finanziellen Problemen mit seinem Landwirtschaftsgut Neuhof in der Mitte der 1770er-Jahre Kinder verarmter Familien aus der Nachbarschaft aufnehmen und eine Art Arbeits- und Armenerziehungsanstalt auf freiwilliger Basis errichten. Diese scheiterte Ende der 1770er-Jahre aus wirtschaftlichen Gründen. Aus dieser Krisensituation heraus begann Pestalozzi ein Leben als Schriftsteller, und bereits 1781 konnte er mit dem Roman Lienhard und Gertrud *einen ersten Großerfolg feiern, der ihn als Vertreter einer christlich-paternalistischen Republik auszeichnete.*

Die klassische Tugendrepublik und die Möglichkeiten der Frühindustrie – der Neuhof

Pestalozzi absolvierte 1767/68 in Kirchberg bei Burgdorf eine landwirtschaftliche Lehre beim «ökonomischen Patrioten» und Stadtberner Chorschreiber Johann Rudolf Tschiffeli (1716–1780). Die Erfahrungen mit der Landwirtschaft und die Diskussionen mit seinem Lehrmeister relativierten Pestalozzis revolutionär gestimmten Republikanismus schnell. Konflikte mit seinen Zürcher Jugendfreunden und insbesondere mit seiner Geliebten Anna Schulthess – die ihn einmal der «Pariser Moral» bezichtigte, der Verlogenheit! – blieben dabei nicht aus. Überdies begann sich Pestalozzis Einstellung zum Luxus zu verändern, sah er doch, dass bäuerliche Familien mit der Produktion von Luxusgütern wie Stickereien ihre wirtschaftliche Grundlage sichern konnten. Damit war ein fundamentales Prinzip des Tugendrepublikanismus, nämlich die familiale Autarkie des Haushalts, des *oikos*, angesprochen, die für Pestalozzi fortan ins Zentrum seines politischen Idealismus rückte.

Das Ideal des Tugendrepublikanismus ist der Bürger im Sinne des Citoyen. Um seine Rolle als Familienvater, Politiker und Soldat möglichst gut einnehmen zu können, braucht er eine weitgehende wirtschaftliche Unabhängigkeit. Da das bäuerliche Leben nach der Mitte des 18. Jahrhunderts für viele bäuerliche Familien keine Existenzsicherung mehr bot, begann Pestalozzi mehr und mehr, in der Frühindustrie, die sich in der Schweiz vor allem als Heimindustrie auf der Landschaft entwickelte, eine Stütze für die wirtschaftliche Sicherung der Familien zu erkennen. Dafür musste er aber nicht nur seinen strikten Antikommerzialismus ablegen, was ihn von seinen Jugendfreunden trennte, sondern letztlich auch auf Distanz zu den «ökonomischen Patrioten» gehen, deren nationalökonomisches Konzept weitestgehend auf der intensivierten landwirtschaftlichen Produktion beruhte.

Die Frage nach der wirtschaftlichen Absicherung der Familien spitzte sich zu Beginn der 1770er-Jahre zu, als katastrophale Witterungsverhältnisse in ganz Europa viele Bauern an oder unter das Existenzminimum brachten und auch mitverantwortlich dafür waren, dass Pestalozzis landwirtschaftlicher Betrieb Neuhof in arge Schwierigkeiten geriet. Überall propagierten die zahlreichen privaten Sozietäten Wege und Mittel, wie der Armut auf dem Lande begegnet werden könne und wie insbesondere mit Kindern verarmter Familien umzugehen sei. Vor allem in den beiden Territorien Bern und Zürich engagierten sich die «ökonomischen Patrioten» in vielfältiger Weise. Sie intensivierten ihre schon mehrjährigen

Versuche, die Landbevölkerung über verbesserte landwirtschaftliche Anbaumethoden zu unterrichten, durch die kostenfreie Verteilung von *Anleitungen* zu Themen wie Düngung oder Umgang mit Pflügen, oder sie zeigten in populären Flugschriften auf, welche Pflanzen überhaupt als Speisen verwendet werden könnten. Andere «Patrioten» publizierten Schriften zum effizienten Umgang mit sehr wenig Land, motivierten die Bauern zum Kampf gegen die Maikäfer und Sperlinge, die die Ernte bedrohten, riefen zur Schulspeisung auf oder wollten die Bauern dazu bringen, die neu in die Schweiz eingeführten Kartoffeln anzupflanzen oder Kartoffelbrot herzustellen.

Pestalozzi suchte offensichtlich einen anderen Weg. Er hatte schon in den frühen 1770er-Jahren begonnen, seinen Landwirtschaftsbetrieb mit frühindustrieller Produktion – vor allem Webwaren – zu ergänzen, und sah sich angesichts der enormen finanziellen Belastung und der großen Ernteausfälle gezwungen, nach und nach die erwachsenen Arbeiter in der Weberei durch billigere Arbeitskräfte, nämlich Kinder, zu ersetzen. Den armen Familien gab er das Versprechen, ihre Kinder würden eine gute Ausbildung erhalten, für deren Kosten sie selbst durch ihre Arbeit aufkommen könnten, wenn sie teilzeitlich an der Produktion frühindustrieller Güter mitarbeiteten. Etliche in Not geratene Bauernfamilien sandten vor diesem Hintergrund ihre Kinder auf den Neuhof. Dieses Unternehmen wurde zunächst äußerst wohlwollend betrachtet. Pestalozzi verschickte und veröffentlichte mehrere Male Bettelbriefe und erhielt zur Unterstützung seines «menschenfreundlichen» Werks das Geld Privater, teilweise aber auch Geld aus Bern, auf dessen Boden der Neuhof lag. Als sich nach einigen Jahren die in Aussicht gestellte finanzielle Sicherheit des Betriebs trotz der Versprechen Pestalozzis nicht einstellte, sank die öffentliche Unterstützung für den Neuhof markant, sodass er 1799 in Konkurs gegangen wäre, hätte Pestalozzis Schwiegervater Hans Jacob Schulthess (1711–1789) nicht alle Schulden unter der Bedingung getilgt, Pestalozzi möge sich fortan nach anderen Erwerbsmöglichkeiten umsehen.

Landwirtschaft mit oder ohne Frühindustrie?

Mitte der 1770er-Jahre war Pestalozzis Anstalt auf dem Neuhof durch seine Aufrufe und durch Berichterstattungen bekannt geworden. In den Rang eines ernst zu nehmenden Reformers gelangte er kurz danach, als er in eine öffentliche Debatte über die Grundlagen und Strategien der Armenerziehung auf dem Land verwickelt wurde. Sein «Gegner» war der Patrizier Niklaus Emanuel von Tscharner (1727–1794), einer der profiliertesten «ökonomischen Patrioten» Berns, der gerade in der Zeit, als Pestalozzi seinen Neuhof kaufte (1769/70), fünf Kilometer entfernt im Verwaltungsamt Schenkenberg als Obervogt (1767–1773) residierte. Sein ausgezeichneter Ruf als Agronom hatte dazu geführt, dass Tscharner von einem weiteren, auch für Pestalozzi ungemein wichtigen Exponenten der Schweizer Reformbewegung, dem Basler Ratsschreiber Isaak Iselin (1728–1782), gebeten worden war, für die ersten Nummern seines neuen Periodikums *Ephemeriden der Menschheit* über die Erziehung armer Kinder auf dem Land zu schreiben.

Tscharners Reflexionen über dieses Thema erschienen in den Jahren 1776 und 1777 in Form von 17 Briefen in unterschiedlichen Ausgaben der *Ephemeriden*, exakt in der Zeit also, in der Pestalozzi seine Arbeits- und Armenerziehungsanstalt auf dem Neuhof aufbaute. Die Briefe zeigen allerdings weder ein kohärentes (sozial-)pädagogisches Konzept, noch drücken sie irgendeinen Zweifel an der politischen und sozialen Struktur Berns aus. Vielmehr wiederholt sich der Inhalt gelegentlich, manchmal widerspricht er sich sogar, und von besonderem Interesse ist, dass Tscharner Pestalozzis Armanstalt kannte, dieselbe auch finanziell unterstützte – und diese in den 17 Briefen nicht ein einziges Mal erwähnte! Tscharner vertritt ein doppeltes pädagogisches Konzept, das sich in eine moralische Bildung des Menschen, die allgemein und ständeübergreifend sei, und eine physische Bildung, die ständisch sein müsste, also auf den Beruf vorbereiten soll, teilt. Ziel der Erziehung sei, dass jeder in seinem (bereits bei Geburt vorgegebenen) Stand glücklich werde, was voraussetze, dass jeder von der Würde des eigenen Standes überzeugt werden könne. Organisatorisch sieht Tscharner eine staatlich gestützte Institution mit einem reichen Stifter vor, der sein menschenfreundliches Lebenswerk erfüllt und dem alle Kinder mit Dank und Demut begegnen.

Als im November 1776 der zwölfte Brief Tscharners erschien, reagierte Pestalozzi in Form von persönlichen Briefen an seinen ehemaligen Nachbarn. Darin brachte er seine praktische Erfahrung im Umgang mit der Erziehung armer Kinder auf dem Neuhof zur Geltung, die wenig von Stiftern, staatlicher Absicherung und demütig-dankbaren Kindern Zeugnis gab. Eine unmittelbare Reaktion Tscharners auf Pestalozzis «Gegendarstellung» ist zwar nicht überliefert, doch sandte dieser Pestalozzis Überlegungen seinem Herausgeber Isaak Iselin nach Basel, der seinerseits die Briefe Pestalozzis ebenfalls in seinen *Ephemeriden* abdruckte.

Pestalozzi fügte in den seither als *Neuhof-Schriften* bekannt gewordenen Briefen zwei Vorhaben zusammen: erstens die öffentliche Legitimation seiner Armenanstalt und damit die Hoffnung auf weitere finanzielle Unterstützung und zweitens die Propagierung einer Armenerziehung, die auf die Frühindustrie setzte. Mit Letzterem positionierte er sich ideologisch sowohl gegen seine ehemaligen radikalen Patriotenfreunde als auch gegen die agrarischen Patrioten in Bern und Zürich. Doch die Protoindustrie erschien Pestalozzi paradoxerweise als das einzige Mittel, die Idee der Tugendrepublik wieder entstehen zu lassen. Im Vordergrund stand dabei aber nicht die Frage nach der Korrumpierbarkeit städtischer Seelen der Fabrikanten und Händler, sondern der Umstand, dass von keinem Bewohner des Landes öffentliche Tugend erwartet werden könne, wenn sein Lebensunterhalt nicht gesichert sei. Pestalozzi hatte offensichtlich den engen, auf die Stadt limitierten Kreis der Republik auf die Landschaft ausgedehnt, nicht um politische Partizipation der Landbevölkerung einzuklagen, sondern um sie auf der Basis wirtschaftlicher Sicherheit zu öffentlicher Tugend zu führen. Dazu mussten zwei Voraussetzungen erfüllt sein: Erstens bedurften die Landleute einer Bildung, die sie lehrte, mit der neuen Lebensweise und mit Geld umzugehen, ohne deren Gefahren zu erliegen, und zweitens mussten die Wirtschaftsgesetze so liberalisiert werden, dass die Landschaft gegenüber der Stadt nicht mehr länger massiv benachteiligt war – erforderlich war also eine tief greifende politische Reform der Stadtstaaten.

Politische Reformen

Die Oligarchisierung der schweizerischen Stadtstaaten im 18. Jahrhundert war unter anderem durch die zunehmende Benachteiligung der ländlichen Bevölkerung ermöglicht worden. Hatte sie schon seit jeher auf der gesamtterritorialen Ebene keine politische Mitsprache und waren die Möglichkeiten militärischer Karrieren für sie sehr eingeschränkt, so wurden sie durch einschlägige Gesetzgebungen im 18. Jahrhundert gegenüber den städtischen Einwohnern noch zusätzlich benachteiligt. Die Städter hatten ein weitgehendes Handelsmonopol beschlossen, durch welches die ländlichen Heimarbeiter gezwungen waren, sowohl die Rohwaren ausschließlich von städtischen Händlern zu kaufen als auch die Fertigprodukte wieder nur an die Stadtbürger verkaufen zu dürfen. Diese auf die Vorteile der Stadtbewohner abzielende Wirtschaftspolitik behinderte ein besseres und nachhaltigeres wirtschaftliches Wachstum auf der Landschaft, von dem viele Verarmte, vor allem Menschen ohne eigenes Land, hätten profitieren können.

Die Möglichkeit der partiellen wirtschaftlichen Neuorientierung der Republik auf der Basis der Frühindustrie verlangte daher eine wirtschaftspolitische Reform, das heißt eine Liberalisierung der Wirtschaftsgesetze, welche die Stadtbürger massiv privilegiert hatten. Zu diesem Zweck schrieb Pestalozzi 1779 eine Abhandlung, die nicht zufällig *Von der Freiheit meiner Vaterstadt!* benannt wurde. Der Begriff der Freiheit weist zwar in den Kern des Republikanismus, nämlich die Freiheit, sich selbst Gesetze zu geben, wovon die Landschaft offensichtlich ausgeschlossen war. Diese Benachteiligung war aber nicht Gegenstand von Pestalozzis Reflexion, sondern die zu geringe wirtschaftliche Freiheit der Landbevölkerung, das heißt das ihr vorenthaltene Recht, ökonomischen «Wohlstand» zu erwerben, so die Familie zu versorgen und auf dieser Grundlage ein gesichertes und tugendhaftes Leben zu führen.

Schuld an dieser misslichen Lage ist nach Pestalozzi der falsche Umgang der Stadtzürcher mit ihrer *politischen* Freiheit, die diese dazu missbraucht hätten, sich wirtschaftliche Vorteile gegenüber der Landschaft zu sichern. Die Freiheit der Bürger setzt etwas voraus, was die Zürcher offensichtlich nicht mehr gehabt haben, nämlich einen «Freiheitssinn», das heißt die moralische Kraft des Einzelnen, sich selbst mit «Wohlstand» zu begnügen und nicht nach «Reichtum» zu streben. Doch genau diese moralische Stärke habe den Städtern gefehlt. Der plötzliche Reichtum, der mit Handel und Heimproduktion möglich geworden war, habe den «Neureichen» in der Stadt den Kopf so verdreht, dass sie sich gesetzliche Privilegien geschaffen hätten, die ihnen noch mehr Reichtum einbrachten. Nicht nur sei die Landschaft massiv benachteiligt worden, sondern habe das Geld auch zu einer Entfremdung der städtischen Bürger selbst geführt. Nach Pestalozzis Ansicht waren in den letzten Jahrzehnten Machtträger an die Spitze der Republik gebracht worden, welche die Grundlage der Republik, den Wohlstand für alle, aufgehoben und damit deren Niedergang eingeläutet hätten.

Verdorbene Magistraten benutzen ihre Macht dazu, ihren eigenen Reichtum zu mehren, und lassen so die Republik im Stich. Aus dem diagnostizierten Kreislauf von Reichtum und Korruption, der keine wirtschaftliche Liberalisierung zugunsten der Landbevölkerung erwarten ließ, sah Pestalozzi keinen Ausweg als die Anlehnung an den christlichen Magistraten, wie er in auffallender Weise schon beim Zürcher Reformator Huldrich Zwingli (1484–1531), dessen Schriften Pestalozzi vom Studium her kannte, charakterisiert wird: edel, stark, selbstlos, sich immer wieder selbst prüfend, gemeinwohlorientiert. Mit anderen Worten: Die Ideen der klassischen Tugendrepublik sollten fortan in der christlichen Republik weiterleben. Seine Vorstellungen davon, wie ein solches Leben aussehen könnte und wie mit korrupten Verhältnissen umzugehen sei, schrieb Pestalozzi 1779/80 in wenigen Wochen nieder. Es war Isaak Iselin, der sich dem Manuskript annahm, es in langwieriger Arbeit von stilistischen und grammatikalischen Fehlern bereinigte und darum besorgt war, dass es 1781 als Roman unter dem Titel *Lienhard und Gertrud* erschien. Dieser wurde ein literarischer Großerfolg.

Lienhard und Gertrud

Lienhard und Gertrud erzählt die Geschichte eines Ehepaares im Dorf Bonnal, das durch eine schlechte Oberverwaltung zusehends von einer macht- und geldgierigen «Oberschicht» beherrscht wird. Lienhard, liebenswürdiger, aber verführbarer Maurer, war in die Schuldenfalle Hummels, Dorfvogt und Wirt in Personalunion, geraten. Er wurde vom Wirt genötigt, in der Gaststube stets weiter Alkohol zu trinken, was aber seine Schulden weiter anwachsen ließ und seine Familie langsam in den Ruin trieb. Das «Gegenteil» von Lienhard wird durch Gertrud verkörpert, eine fromme und starke Frau, die die Familie trotz größter Geldnot dank eiserner Disziplin ernährt und kleidet. Nachdem Lienhard Gertrud seine Schulden und seine Abhängigkeit gestanden hat, nimmt sie all ihren Mut und das wenige ersparte Geld zusammen, geht zum Obervogt Arner, einem städtischen Magistraten, und klagt über ihr Schicksal im Rahmen einer korrupten Gemeinde. Gleichzeitig bittet sie ihn um Rat, wie mit dem übrig gebliebenen Geld die Schulden getilgt werden könnten. Arner, der zweifellos an Niklaus Emanuel Tscharner angelehnt ist, führt in der Folge eine Reihe von Reformen durch, welche der «Dorfaristokratie» Grenzen setzen und den Handwerkern Arbeit und damit Einkünfte ermöglichen. Innerhalb kurzer Zeit, so scheint es, ist dank dem tugendhaften, selbstlosen, sich stets selbst prüfenden Obervogt aus einem Dorf voller Ungerechtigkeiten ein kleines Paradies geworden. Die Leserschaft schien diese kommunale Vision außerordentlich berührt zu haben, was nicht zuletzt in der Beschreibung des idealen Obervogts begründet war.

Der Umstand allerdings, dass Pestalozzi 1783, 1785 und 1787 noch weitere Teile des Romans veröffentlichte, die eine andere Wendung nahmen, zeigt, dass die Gründung des politischen Ideals auf den christlich-republikanischen Magistraten keine Lösung war, die Pestalozzi auf die

Dauer überzeugte, schon allein deswegen nicht, weil dieser Magistrat real nicht in Sicht war.

Literatur

Braun, Rudolf (1960): Industrialisierung und Volksleben. Erlenbach-Zürich: Rentsch

Schmidt, Georg C. L. (1932): Der Schweizer Bauer im Zeitalter des Frühkapitalismus. Die Wandlung der Schweizer Bauernwirtschaft im achtzehnten Jahrhundert und die Politik der Ökonomischen Patrioten (zwei Bände). Bern: Haupt

Stadler, Peter (1988): Pestalozzi – Geschichtliche Biographie. Von der alten Ordnung zur Revolution. Zürich: NZZ, S. 101–178

Tröhler, Daniel (2006): Republikanismus und Pädagogik. Pestalozzi im historischen Kontext. Bad Heilbrunn: Klinkhardt, S. 164–254, 316–334

Die alte Republik und das moderne Naturrecht

Pestalozzis Versuch, in Lienhard und Gertrud *(1781) eine paternalistische Lösung für die zahlreichen realen (Armut) und ideologischen Probleme (Korruptionsvorwurf) der Schweizer Republiken zu finden, hat sowohl die Zeitgenossen als auch die gesamte Pestalozzi-Rezeption beeindruckt, weniger aber Pestalozzi selbst, der schon bald nach Erscheinen seines Erfolgsromans am Konzept zweifelte. Da im Rahmen der Schweiz der «edle Magistrat», der den Konflikt zwischen alter Tugendrepublik und moderner Ökonomie lösen sollte, mehr eine idealistische Konstruktion als real erwartbar war, begann sich Pestalozzi nach neuen gesellschaftspolitischen Modellen umzuschauen. Im Vorfeld der Französischen Revolution glaubte er, in der populären (Berliner) Aufklärungsliteratur eine entscheidende Neuorientierung seines politischen Denkens gefunden und im aufgeklärten Absolutismus des österreichischen Kaisers Joseph II. (1741– 1790), Sohn Maria Theresias (1717–1780), den idealen Typus eines Regenten erkannt zu haben. Beide Neuorientierungen führten zu massiven Revisionen seines politischen Denkens, ohne aber dass er zentrale Ideale der Republik – Verhinderung des Reichtums weniger, Sicherung des Wohlstands für alle und auf dieser Basis die Entwicklung öffentlicher Tugend – preisgab. Dieser Wandel im politischen Denken schlug sich nicht nur in zahlreichen, meist unveröffentlichten Traktaten nieder, die Zeugnis seines intellektuellen Ringens sind, sondern auch in den späteren Teilen von* Lienhard und Gertrud, *insbesondere in den Teilen drei (1785) und vier (1787).*

Die Desillusionierung der Schweizer Republiken

Der Roman *Lienhard und Gertrud* (1781) feierte großen Erfolg, was dem zunehmend sozial isolierten «Aussteiger» aus der Zürcher Gesellschaft und den durch den faktischen Bankrott des Neuhofs (1779) zermürbten Pestalozzi Auftrieb zu geben schien, der allerdings durch den Tod seines Mentors Isaak Iselin (1782) einen argen Dämpfer erlitt. Zudem zeigten die realen Entwicklungen der Innenpolitik der Schweizer Territorien in eine andere Richtung als Pestalozzis politisches Programm. Ein Machtträger wie Arner war auf der Landschaft realiter nicht zu erkennen, und die Städte der eidgenössischen Stadtstaaten machten auch keine Anstalten, ihre auf die eigenen Interessen ausgerichtete Wirtschaftspolitik in einer Weise zu ändern, dass die Lebensbedingungen auf dem Land sich so einstellten, wie sich das Pestalozzi für eine einfache Tugendrepublik vorstellte, in welcher sich die Menschen aufgrund genügender Sicherheit tugendhaft entwickeln könnten. Die politische Enttäuschung Pestalozzis mischte sich mit einer persönlichen Kränkung, die ihm die Schließung des Neuhofs zugefügt hatte und die – an dieser Einschätzung hielt er an sein Lebensende fest – bei genügender Unterstützung seitens der Regierung durchaus hätte vermieden werden können.

Schon zu Zeiten der Abfassung der ersten beiden Teile von *Lienhard und Gertrud*, 1780 und 1781 (der zweite Teil erschien erst 1783), begann Pestalozzi seine Hoffnungen auf einen «Supermagistraten» zu lenken, konkret auf den österreichischen Kaiser, der 1780 sein Amt angetreten hatte, nachdem dessen Mutter Maria Theresia, welche umfassende Reformen im Sinne des aufgeklärten Absolutismus eingeführt hatte, gestorben war. Durch die logenähnlichen Beziehungen, die Isaak Iselin zu Beamten des Wiener Hofs pflegte, hoffte Pestalozzi, als eine Art Schweizer Voltaire (der in ähnlicher «Mission» in Potsdam gewesen war) an den Hof berufen zu werden, wo er als schreibender Philosoph nationale Reformen als Mittelsperson zwischen Verwaltung und Volk begleiten und eine neue Armenanstalt, mit staatlicher Hilfe, einrichten wollte. Zu diesem Zweck entwarf er einige kurze Dramen, die er 1782 in der von ihm selbst ein Jahr lang herausgegebenen Wochenschrift *Ein Schweizer-Blatt* veröffentlichte und die literarisch auf demselben Niveau sind wie *Lienhard und Gertrud*, aber weit weniger rezipiert wurden. Überdies entwarf er sozial- und strafgesetzreformerische Traktate, die er Isaak Iselin mit der Bitte zusandte, sie an geeignete Stellen am Wiener Hof zu schicken, damit man auf ihn aufmerksam werde und ihn einlade. Er trat auch dem Illuminaten-Orden bei, dem auch Iselin und viele andere prominente Schweizer angehörten und der am Wiener Hof gut vertreten war.

Pestalozzis Bemühungen um eine Anstellung in Wien sollten allerdings vergeblich sein. Isaak Iselin verstarb noch 1782, sodass Pestalozzi der gute Draht in die österreichische Hauptstadt fehlte. Der einzige Kontakt, den Iselin noch mit der Zusendung des ersten Teils von *Lienhard und Gertrud* mit dem Hofrat Karl Johann Christian von Zinzendorf (1739–1813) herstellen konnte, brach zwar nicht ab, es war aber vor allem Pestalozzi, der sich durch die Zusendung von Traktaten und den weiteren Teilen von *Lienhard und Gertrud* weiterhin ins Gespräch brachte. Die Gegenseite blieb nicht ohne Interesse, doch entwickelten sich die Beziehungen nie in Richtung einer Anstellung am Hof, zumal Zinzendorf selbst mit der europäischen Reformdiskussion bestens vertraut war und auch gar nicht über so weit reichende Kompetenzen verfügt hätte, den Kaiser ohne weiteres zur Anstellung eines Schweizers bewegen zu können. Geschickt versuchte Pestalozzi, in den Briefen durch *name-dropping* seine republikanische Herkunft zu verschleiern und sich als Teil der Schweizer Reformaristokratie zu präsentieren. Mit der Sendung des vierten Teils von *Lienhard und Gertrud* vom 26. Mai 1787 an Graf Zinzendorf schrieb Pestalozzi mit Verweis auf den Berner Aristokraten Daniel von Fellenberg (1736–1801), dass man nachhaltige Reformen in Europa nur noch von Österreich erwarten könne: «... selber Fellenberg schreibt mir: ‚Vor unseren verdorbenen Republiken hoffe ich keinen Vorschritt für das Volk'. Es ist demütigend für uns, aber wahr: der Vorschritt der ächten Volksführung muss in den Cabinetern weiser Fürsten vorbereitet werden; von uns her komt dieser Vorschritt gewüss nicht mehr – *wir sind gewesen*.» (Pestalozzi an Zinzendorf, PSB III, S. 246) Paradoxerweise lag damit in den Augen des verzweifelten Pestalozzi die Hoffnung auf die Wiederbelebung einer Republik nicht in den Republiken selbst, die als unumkehrbar korrupt erschienen, sondern in einer Monarchie, die durch einen obersten Magistraten reformorientiert war.

Die populäre Aufklärung und das moderne Naturrecht

Pestalozzi verstand sich, wie die meisten Schweizer Publizisten des 18. Jahrhunderts, nicht als «literarischer», sondern als «politischer» Schriftsteller, was ihn auch zuweilen zur Kritik an Goethe und anderen deutschen Schriftstellern motivierte, die nach Ansicht Pestalozzis ihr schriftstellerisches Genie zu wenig für umfassende Sozialreformen verwendeten. Schreiben war für ihn ästhetisches Mittel zum Zweck politischer beziehungsweise sozialer Reform. Vor diesem Hintergrund begann Pestalozzi sich um 1782 mit einer Diskussion zu befassen, die weder im Rahmen der Zürcher Jugendbewegung noch in jenem des «ökonomischen Patriotismus» eine wichtige Rolle gespielt hatte, nämlich mit der (vorwiegend berlinischen) Aufklärungsliteratur. Dabei wurde vor allem die vom deutschen Juristen und Philosophen Johann Erich Biester (1749–1816) seit 1783 herausgegebene *Berliner Monatsschrift* wichtig.

Ellenlange Exzerpte Pestalozzis während seiner Lektüre zeigen, mit welchen Themen er sich zusehends beschäftigte: Fragen der sozialen Gerechtigkeit, des Eigentums, der (Berufs-)Bildung und – je länger, je mehr – die anthropologische Frage nach dem Wesen des Menschen und damit auch den Grundlagen der menschlichen Gesellschaft. Wie für die meisten Schweizer war für Pestalozzi der Mensch, zumal der republikanische Mensch, ein *Zoon politikon*, ein von Natur aus politisches Wesen beziehungsweise ein Wesen, das erst in der *Polis* seine volle Entfaltung erfährt. Die moderne europäische Naturrechtsdiskussion hatte aber diese Annahme schon seit längerem infrage gestellt und war davon ausgegangen, dass der Mensch ursprünglich nicht als politisches, sondern umgekehrt als vorsoziales Wesen zu verstehen sei, das nur deswegen mit anderen Menschen zusammenlebt, weil es mit ihnen einen Vertrag, einen Gesellschaftsvertrag, geschlossen habe. Das bedeutete aber, dass «von Natur aus» alle Menschen als gleich zu verstehen waren und als Vertragspartner gleichberechtigt agieren durften. Die politische Sprengkraft dieses Denkmusters nach der Mitte des 18. Jahrhunderts – dem Höhepunkt des Absolutismus in Europa – darf nicht unterschätzt werden, konnte doch die Vorstellung eines ursprünglich gerechten Gesellschaftsvertrags gleicher Vertragspartner sehr einfach für die Kritik an den bestehenden politischen Verhältnissen benutzt werden, wie das etwa Jean-Jacques Rousseau (1712–1778) in seiner berühmten Preisschrift *Discours sur l'origine et les fondements de l'inégalité parmi les hommes* (1755) in brillanter Weise vorgemacht hatte.

Die Vorstellung des Menschen als einem ursprünglich präsozialen Wesen führte Pestalozzi zu zahlreichen Revisionen seines politischen Menschenbilds. Nicht dass er seine ursprünglichen republikanischen Ideale aufgegeben hätte, doch suchte er nach neuen Wegen, wie man auf der Grundlage eines anderen Menschenbilds möglichst nahe an die Ideale der Tugendrepublik gelangen könnte. Zwei Elemente schälten sich dabei in seiner Auseinandersetzung mit der Aufklärungsliteratur im Verlauf der 1780er-Jahre heraus: Der Mensch ist erstens ein um sein Wohlergehen besorgtes Wesen, das auf dieser Basis im Umgang mit anderen Menschen einen Egoismus entwickelt. Dieses Wesen findet zweitens im Besitz beziehungsweise Eigentum ein Mittel, seine Sorge um sein Wohlergehen zu mildern. Damit aber das Eigentum sicher ist, muss es besonders geschützt werden. Und weil auch andere Menschen gesicherten Eigentums bedürfen, schließen sie untereinander einen Vertrag, der ihnen gegenseitig ihr jeweiliges Eigentum sichert. Das Eigentum wird damit zum Fundament der menschlichen Gesellschaft und nicht eine wie auch immer geartete Freiheitsvision. Die Sicherung des Eigentums aber, so Pestalozzi, habe dem Menschen nicht nur Rechte gebracht (das Recht auf gesichertes Eigentum), sondern auch Pflichten.

Der republikanische Tugendkanon, den Pestalozzi früher noch als «natürlich» bezeichnet hätte, wird jetzt zur gesellschaftlichen Pflicht, die zwischen den Menschen, Eltern und Kindern, Magistraten und Untertanen, Reichen und Armen, zum Ausdruck kommt. Delinquente Arme, die aus Hunger stehlen und auch sonst verrohen, sind nicht einfach üble Straftäter, sondern Opfer ungerechter Verteilung der Güter und der unterlassenen Pflichterfüllung der Obrigkeit – das gilt auch für die jungen ledigen Kindermörderinnen. Pestalozzis Ziel ist dabei nicht eine egalitäre Gesellschaft, sondern eine, in welcher es eine durch gesichertes Eigentum garantierte «Unabhängigkeit», der Ersatzbegriff für Freiheit, gibt. Es ist Aufgabe des Gesetzes, das Eigentum zu sichern und die Menschen in die Schranken zu weisen. Und es ist Aufgabe einer (ständischen) Berufsbildung, die Menschen zu befähigen, für ihr Eigentum zu sorgen und ihre ursprünglich erworbene Rohheit im Umgang mit anderen Menschen einzudämmen. In deutlicher Abkehr von der Zwinglianischen Republik und damit von *Lienhard und Gertrud* (1781) werden die Moral und die Religion von der staatlichen Ebene verbannt. Als staatlich legitimes Regulativ stehen neben den Gesetzen und der Erziehung nur noch die Sitten zur Diskussion. Sie sollen den zivilen Umgang der Menschen untereinander garantieren und dafür sorgen, dass die ursprüngliche «Wildheit» des Menschen und damit sein Egoismus im Zaun gehalten werden. Das Rechts- und Sittensystem ist «nicht moralisch», sondern bloß «Zaun der Macht gegen das Ausschweifen des Thiers» im Menschen. (Pestalozzi 1783, PSW IX, S. 214)

Lienhard und Gertrud (1785 und 1787)

Beide Entwicklungen der 1780er-Jahre, die Hinwendung zum aufgeklärten Absolutismus und diejenige zur Aufklärungsliteratur, hinterlassen in den ursprünglich nicht geplanten weiteren Bänden von *Lienhard und Gertrud* ihre Spuren, vor allem in den beiden letzten, die 1785 und 1787 erschienen. Die Aufmerksamkeit auf die naturrechtliche Diskussion beziehungsweise die Anthropologie des modernen Naturrechts wird im dritten Teil von *Lienhard und Gertrud* (1785) ausgerechnet im Zusammenhang mit der Einführung des Dorfschulmeisters ersichtlich. Dieser Lehrer, ein altgedienter und welterfahrener Leutnant, trägt den Namen

Glüphi, was vermuten lässt, Pestalozzi mache sich ihn zum Sprachrohr, da GLÜPHI das Anagramm der ersten Buchstaben von «Johann Heinrich Pestalozzi über Lienhard (und) Gertrud» sein dürfte. Wie auch immer der seltsame Name zu erklären ist, es ist dieser Dorfschulmeister, der neben dem Obervogt Arner zum Träger der umfassenden Reform wird, zusammen mit dem moralisch überaus integren «Baumwoll-Meyer», einem sehr erfolgreichen, aber durch den Erfolg nicht korrupt gewordenen Baumwollverarbeiter und Händler, der wie Arner ein reales Vorbild aus Pestalozzis Nachbarschaft hatte, nämlich den aus Aarau stammenden gemeinnützigen Seidenbandfabrikanten Johann Rudolf Meyer (1739–1813).

Arner selbst wird im Verlauf der beiden letzten Teile in gewisser Weise immer unwichtiger. Plötzlich wird deutlich, dass er gar nicht Bürger eines republikanischen Stadtstaats ist und als solcher als Landvogt amtet, was er in Teil eins (1781) zweifellos war, sondern ein Beamter eines entfernt liegenden Hofs: ein deutliches Indiz dafür, wie wenig sich Pestalozzi noch von den schweizerischen Republiken erhoffte. Arner erhält einen Brief von einem gewissen Grafen Bylifsky, der allgemein als Verkörperung des Grafen von Zinzendorf gedeutet wird. Dieser ist ein reformorientierter Beamter am Hof, an dem in übler Manier versucht wird, unter anderem Arners Reformprogramm in Bonnal zu unterminieren. Arner wird durch den allgegenwärtigen Druck krank und liegt im Sterben. Er überlebt, aber durch seine Krankheit ist ihm bewusst geworden, dass zu viele der Grundlagen des Dorfglücks an seiner Person hängen, das heißt an seiner moralisch integren Persönlichkeit. Gebeutelt durch die anhaltenden Attacken und durch seine Schwäche, beschließt er, dem Volk schriftlich Rechte zu garantieren, die in Zeiten «schlechter» Obrigkeit als Sicherheit dienen sollen. Der gute, christliche Magistrat als Modell hat damit ausgedient und der gesetzlich garantierten Absicherung Platz gemacht.

Wie dringend gerade unterprivilegierte Menschen wie die Bewohner Bonnals diese rechtliche Absicherung nötig haben, wird aus der Anthropologie und Pädagogik Glüphis deutlich. In Pestalozzis außergewöhnlich kräftiger Sprache wird der Mensch als «ausschweifendes Tier» beschrieben, das es mit allen Mitteln in Schach zu halten gelte, ansonsten es die anderen Menschen um jeden Preis ausnützen wolle.

> ### Zitat
>
> Im Kapitel *Die Philosophie meines Leutnants und diejenige meines Buchs* des vierten Teils von *Lienhard und Gertrud* (1787) steht: «Der Mensch ... ist von Natur, wenn er sich selbst überlassen wild aufwächst, träg, unwissend, unvorsichtig, unbedachtsam, leichtsinnig, leichtgläubig, furchtsam, und ohne Gränzen gierig» und werde bei Hindernissen auf dem Weg der Befriedigung seiner Bedürfnisse «krumm, verschlagen, heimtückisch, misstrauisch, gewaltsam, verwegen, rachgierig, und grausam». Dieses problematisierte Menschenbild verlangt von einer umsichtigen «Menschenführung», dass man aus dem Menschen, damit er der Gesellschaft beziehungsweise seinen Mitmenschen nicht schade, «etwas ganz anders machen [muss], als er von Natur ist». Man muss ihn mit anderen Worten durch «Einrichtungen, Sitten, Erziehungsarten, und Gesetzen, die ihn in seinem Innersten verändern und umstimmen», zuerst überhaupt sozial brauchbar machen. (PSW III, S. 330 f.)

Die Schule, die Glüphi einrichtet, sollte keinem «leeren Wortunterricht» dienen, sondern primär umfassende Berufsbildung sein. Da die jungen Menschen im Dorf Bonnal später entweder Bauern oder Baumwollarbeiter werden würden, sollten sie so viel lernen, dass sie ihre Berufe anständig ausführen konnten. Die Liebe als alleiniges Erziehungsmittel wird abgelehnt, weil die Menschen lernen müssten, später «Dornen und Disteln ausreuten», wie es Pestalozzi in der Figur von Glüphi und in Anlehnung an das erste Buch Mose (3,17–19) ausdrückt. Der natürliche Egoismus des gesellschaftlichen Menschen müsse ausgerottet werden, damit der Zweck der Gesellschaft, die «Unabhängigkeit durch Eigentum», erreicht werden könne: «Wer immer etwas mit den Menschen ausrichten, oder sie zu etwas machen will, sagte er [der Leutnant, Anm. des Verf.], der muss ihre Bosheit beemeistern, ihre Falschheit verfolgen, und ihnen auf ihren krummen Wegen den Angstschweiss austreiben.» (PSW III, S. 174) Die Republik, die aus durch genügend Wohlstand unabhängig gewordenen und deshalb tugendhaften Einwohnern besteht, braucht eine eiserne Führung, die das ursprünglich asoziale Wesen des Menschen durch Erziehung, Gesetzgebung und Sitten hart in die Schranken weist.

Literatur

Horlacher, Rebekka: Volksbildung als Berufsbildung bei Pestalozzi. In: Schmitt, Hanno, Horlacher, Rebekka & Tröhler, Daniel (Hg.) (2007): Pädagogische Volksaufklärung im 18. Jahrhundert im europäischen Vergleich (Neue Pestalozzi-Studien, Band 10). Bern: Haupt, S. 112–124

Stadler, Peter (1988): Pestalozzi – Geschichtliche Biographie. Von der alten Ordnung zur Revolution. Zürich: NZZ, S. 253–308

Tröhler, Daniel (2006): Republikanismus und Pädagogik. Pestalozzi im historischen Kontext. Bad Heilbrunn: Klinkhardt, S. 335–402

5

Die Französische Republik, der klassische Republikanismus und die innere Sittlichkeit

Die Französische Revolution (1789) als ein durch Volksgewalt herbeigeführter Kollaps der europäischen Mustermonarchie sollte flächendeckende Folgen in der politischen Philosophie und realen Politik zeitigen. Von besonderem Interesse war das Ereignis nicht nur in den anderen Monarchien Europas, die sich im 18. Jahrhundert zum Teil stark am französischen Vorbild orientiert hatten. Auch in den Kreisen der Reformer der Schweizer Republiken, die im Westen aus dem «Intimfeind», der absoluten Monarchie, eine moderne Republik entstehen sahen, wurde die Errichtung einer neuen Republik scharf beobachtet, die allerdings ihre Grundlagen weniger auf Tugend baute als auf unveräußerliche natürliche Menschenrechte. Das Interesse war entsprechend groß, und die Hoffnung auf eine Regeneration der Schweizer Republiken nahm zu. Der Verlauf der Revolution mit dem Sturm auf die Tuilerien, bei dem Schweizer Gardisten ums Leben kamen, der Terreur der Jakobiner und der Hinrichtung des Königspaares ließ allerdings die Begeisterung für das republikanische Experiment in Frankreich spätestens ab Mitte 1792 erlahmen. Für Pestalozzi war dadurch erkennbar geworden, dass eine Republik, die auf der Rechtsgleichheit der Bürger baut, zwar notwendig, aber noch lange nicht hinreichend war. Es fehlte dabei das Element der Tugend, das zwar nicht auf der Gesetzes- oder Verwaltungsebene eingefordert werden sollte, aber dennoch konstitutiv war. Die Lösung fand Pestalozzi im Verlauf der 1790er-Jahre, angeregt durch seine Kontakte mit aufklärungsskeptischen Kreisen aus Deutschland, so vor allem mit Georg Heinrich Ludwig Nicolovius (1767–1839), im «Innersten» der menschlichen Natur, in der individuellen Sittlichkeit des Menschen.

Die Französische Revolution und Pestalozzis Stellungnahme

Die Französische Revolution hat zwar ihr Symbol im Sturm der (maroden) Bastille am 14. Juli 1789, «begann» aber viel früher und war mit der Einnahme des Gefängnisses auch nicht «beendet». Entsprechend graduell war die Rezeption des Ereignisses auf dem europäischen und nordamerikanischen Kontinent. Die Ereignisse hatten wohl gleich nach Beginn große Aufmerksamkeit erfahren und zahlreiche Schaulustige nach Paris gelockt, so etwa Wilhelm von Humboldt (1767–1835), den es mit seinem Mentor Johann Joachim Heinrich Campe (1746–1818) nach Paris zog. Doch es dauerte eine Weile, bis die Urteile über die Revolution gemacht waren, und sie begannen mit der Zeit, sich stärker auseinander zu entwickeln, weil sie zusehends innenpolitische Brisanz erhalten hatten. Was zunächst als Ereignis in der großen französischen Monarchie Interesse oder sogar auch etwas *Amusement* ausgelöst hatte, hatte bald Relevanz für die eigene Nation erhalten. Vor allem als 1792 deutlich wurde, dass nach der Machtübernahme der Jakobiner mit den Sansculotten die Errichtung einer konstitutionellen Monarchie nicht erreicht und dass vielmehr durch Terror eine demokratische Republik eingerichtet werden sollte, begannen im Ausland Skepsis und Ablehnung zu überwiegen, die durch die Hinrichtung König Ludwigs XVI. und Königin Marie Antoinettes 1793 zusätzlich genährt wurden. Menschen, die sich noch nach diesen Ereignissen zugunsten der französischen Entwicklungen aussprachen, wurde in der Regel mit Misstrauen begegnet, vor allem vonseiten der Machtträger. Das galt auch und insbesondere für Pestalozzi, dem im August 1792 – für ihn völlig überraschend – zusammen mit 16 weiteren ausländischen Berühmtheiten wie etwa den drei Gründungsvätern der amerikanischen Unabhängigkeit, George Washington, Alexander Hamilton und James Madison, die französische Ehrenbürgerschaft zugesprochen wurde – und dies gerade zu dem Zeitpunkt, als die Revolutionäre die Tuilerien erstürmt hatten und daran waren, im September die ersten brutalen Übergriffe zu tätigen. Die große Ehrung des in der Schweiz sozial isolierten Pestalozzi kam für ihn zu einem denkbar ungünstigen Zeitpunkt.

Hatten die Abschaffung der Monarchie und die Errichtung einer Republik bei Pestalozzi zwar prinzipiell Interesse ausgelöst, so verurteilte er die Exzesse in der *Terreur* 1793/94 aufs Schärfste. In jener Zeit hielt er sich aus geschäftlichen Gründen in Zürich auf und diskutierte die Ereignisse und deren Interpretation mit führenden Intellektuellen, allen voran mit Johann Gottlieb Fichte (1762–1814), der soeben seine grundsätzlich positive Stellungnahme zur Französischen Revolution veröffentlicht hatte (1793). Es ging um die Frage, wie eine Republik, die prinzipiell befürwortet wurde, ohne brutale Staatsgewalt und Willkür stabil gemacht werden könnte. Pestalozzi begann Ende 1792 ein Traktat über die Französische Revolution zu schreiben, das er im Herbst 1793 abschloss, das nie veröffentlicht wurde und den Titel *Ja oder Nein* trug. Der Kommentar ist aufschlussreich und etwas überraschend, weil er weder «Ja» noch «Nein» sagt: Er relativiert. Die Haltung zur Französischen Republik ist ein «Ja, aber» und ein «Nein, nicht so». Das «Ja» verdankt sich Pestalozzis republikanischer Identität, also der Hoffnung, dass Frankreich das sein würde, was die Schweiz einmal war und noch immer sein sollte: eine Tugendrepublik. «Ich verglich den Gang der Dinge mit meinen Jugendbegriffen, träumte, nehrte große Hoffnungen, fand mich betrogen.» (PSW X, S. 105 f.)

Der Betrug war ein Selbstbetrug, weil Pestalozzi sein wieder erwachtes Jugendideal der Tugendrepublik mit einer (sich schwer tuenden) modernen Republik verglich, die auf das moderne Naturrecht und Vorstellungen des Gesellschaftsvertrags baute, öffentliche Tugend aber von der Agenda politischer Relevanz weitgehend gestrichen hatte. Die Erkenntnis des falschen eigenen Maßstabs in der Beurteilung der Ereignisse führte Pestalozzi zu einer Lösung, die 1793 erst in Ansätzen sichtbar war, aber deutlich Züge des deutschen Idealismus trug. Nach einer scharfen Kritik des schiefen Freiheitsverständnisses der Franzosen, das er als Ausdruck jahrhundertealter Unterdrückung deutet, kommt Pestalozzi zum Schluss, dass gegenwärtig die «exaltierten Begriffe vom Königsrecht», das heißt die Legitimation absoluter Monarchie, «in exaltierte Begriffe vom Volksrecht hinübergegangen» seien, also in die Legitimation der Volkstyrannei. Allerdings, so Pestalozzis Überlegung, sei Freiheit weit mehr als bloß die Bestimmung dessen, was nicht verboten sei. Politische Freiheit, so Pestalozzi, sei für die Menschen nur dann ein Glück, wenn der einzelne Mensch «Sehnsucht nach innerer Veredlung seiner selbst» habe, er also zunächst ein sittlicher Mensch sei. (PSW X, S. 149–165) Die Freiheit setzt nun nicht mehr, wie in Pestalozzis Idealen Ende der 1770er-Jahre, «Freiheitssinn», das heißt öffentliche Tugend, voraus, sondern innere «Sittlichkeit».

Die politischen Konsequenzen in der Mitte der 1790er-Jahre

Im Unterschied zu seiner politischen Philosophie vor der Französischen Revolution waren es nicht mehr nur die Sitten, die neben Gesetzen und Berufsbildung für die soziale Integration des Menschen besorgt sein sollten, sondern es war seine prinzipiell unabhängige Innerlichkeit, der Ort seiner ureigensten menschlichen Freiheit – ein protestantischer Topos, der vor allem im deutschen Idealismus eine zentrale Rolle spielte und der Pestalozzi von Fichte vermittelt worden sein dürfte. Diese innere Freiheit erinnerte Pestalozzi an die Urchristen, wie er in einem Torso aus dem Jahr 1794 schreibt, die ihm als moralische – und eben nicht als politische – «Sansculotten» erschienen. Der Unterschied ist klein und für den sozialen Frieden entscheidend: «Die ersten Christen lebten offenbar in einem moralischen Sansculottismus, das heisst, sie gaben [freiwillig, Anm. des Verf.], was der bürgerliche Sansculottismus stiehlt; sie liessen sich töten, der bürgerliche Sansculottismus tötet die anderen.» (PSW X, S. 266) Die Republik musste also auf der individuellen Sittlichkeit des Menschen bauen, eine Erkenntnis, die Pestalozzi bald darauf auf die Schweizer Entwicklungen anwenden sollte.

Die Ereignisse in Frankreich lösten aufseiten der europäischen Machtträger immer größere Skepsis aus, während sie aufseiten der Benachteiligten Hoffnung schürten. Insbesondere gaben sie den um 1790 herum entstandenen Lesegesellschaften auf der Landschaft, die von den ländlichen Oberschichten initiiert worden waren, Nahrung. In Zürich sollte die «Lesegesellschaft am See» berühmt werden, die von reichen Fabrikanten, Chirurgen und verschiedenen Männern aus der Dorfverwaltung aus Gemeinden um den Zürichsee gebildet wurde. Diese Gesellschaft erwies sich als besonders an den französischen Ereignissen interessiert, insbesondere am zweimal wöchentlich erscheinenden *Strassburger Courier*, der aus Paris berichtete.

Ihre Reaktion auf die Ereignisse in Paris ist europaweit einzigartig. Angeregt durch die Lektüre der Revolutionsschriften, begannen die Mitglieder der Gesellschaft die vaterländische Geschichte zu lesen und nach alten Quellen zu suchen, in denen deutlich wurde, dass die Landschaft ursprünglich weit mehr Rechte gehabt hatte, als es am Ende des 18. Jahrhunderts der Fall war. Dadurch erhielten sie Einsichten in ihre ursprünglichen Rechte vor dem Prozess der Oligarchisierung des Stadtstaats Zürich, der zu Beginn des 18. Jahrhunderts eingesetzt hatte. Ihre Quellen waren einerseits die *Waldmannschen Spruchbriefe* von 1489, in denen die Landschaft der Stadt quasi gleichgestellt worden war, und die im Anschluss an Zwinglis Tod (1531) verfassten *Kappeler Briefe*, welche der Stadt verboten, irgendwelche Kriegshandlungen ohne Willen und Wissen der Landschaft zu beginnen – alles Privilegien, die über die Jahrhunderte stillschweigend verschwunden waren.

Diese «verbrieften» Rechte erlaubten den Zürcher «Untertanen», in der Einforderung von mehr Rechten eine andere Strategie zu verfolgen als ihre Leidensgenossen in anderen Ländern Europas. Forderungen nach mehr (wirtschaftlichen) Freiheiten mussten sich nicht (nur) auf naturrechtliche Argumente beschränken, sondern konnten historische Fakten anführen. In der Gegend um Stäfa am Zürichsee entwickelte sich 1794/95 eine eigentliche Volksbewegung, die sich auf die alten verbrieften Rechte berief und damit in der städtischen Nomenklatur für große Irritation sorgte. Die Stadt reagierte außerordentlich ungeschickt und unnötig brutal, sodass ein gewalttätiger Volksaufstand drohte. Von besorgten Stadtbewohnern ermuntert, reiste Pestalozzi ins Unruhegebiet, wo er als «Mann des Landvolks» mit städtischen Bürgerrechten vermitteln sollte. Er schrieb etliche Traktate, in denen er die Forderungen nach mehr wirtschaftlicher Freiheit der Landbevölkerung durch historische und tugendrepublikanische Argumente ausdrücklich unterstützte und entsprechend mäßigend bei der Zürcher Regierung wirken wollte, was allerdings kaum gelang. Ebenso wenig Erfolg hatte er allerdings auch bei der Landbevölkerung, die er dazu anhielt, sich zu mäßigen, um nicht «exaltierten Begriffen vom Volksrecht» zu verfallen, wie er es den französischen Revolutionären vorgeworfen hatte. Konkret warf er der Landbevölkerung vor, zusätzliche wirtschaftliche Freiheit nicht für das allgemeine Wohl zu fordern, sondern primär für den größeren Reichtum weniger. Er hätte nämlich, so der enttäuschte Pestalozzi 1795, fest geglaubt, dass die Anführer der «Befreiungsbewegung» in ihren Aktionen nicht «bloss als reiche Leute» agierten, sondern «als Glieder von Euern Gemeinden in Euren Dörfern» und deshalb das Gemeinwohl und nicht den persönlichen Vorteil im Auge gehabt hätten. (PSW X, S. 306) Die aufgebrachte Menge interpretierte Pestalozzis Warnungen als Verrat an ihrer Sache, sodass Pestalozzi um sein Leben fürchtend die Gegend fluchtartig verlassen musste.

Pestalozzis *Nachforschungen* (1797) am Vorabend der Helvetischen Revolution

Die politisch-philosophischen Diskussionen über die Zukunft von Republiken unter modernen kommerziellen Bedingungen sowie Pestalozzis konkrete Erfahrungen mit den politischen Unruhen in Zürich motivierten ihn, an einem Werk zu schreiben, das er schon 1793 begonnen hatte und das nach Pestalozzis Aussage im Brief vom 15. November 1793 an Philipp Emanuel von Fellenberg von Fichte als die «Philosophie meiner Politik» bezeichnet worden war. (PSB III, S. 303) Die zahlreichen überlieferten Entwürfe geben Zeugnis davon, wie sehr Pestalozzi um die Grundlagen seines politischen Selbstverständnisses gerungen haben muss, bis sie 1797 unter dem Titel *Meine Nachforschungen über die Entwiklung des Menschengeschlechts* erschienen. Obgleich diese Schrift über 100 Jahre lang wenig rezipiert wurde, darf sie als philosophisches Hauptwerk Pestalozzi bezeichnet werden.

Der Text ist in drei Teile gegliedert, wobei sich der erste und der dritte auffallend ähnlich sind. Sie handeln von den gesellschaftspolitischen Grundbegriffen wie Freiheit, Gerechtigkeit oder Eigentum, während der mittlere Teil eine Art anthropologische Analyse beinhaltet. Der Zweck dieses bemerkenswerten Aufbaus ist, im ersten Teil die zentralen gesellschaftlichen Begriffe aus dem Blickwinkel egoistischer Menschen, so genannter «Parteimenschen», darzustellen, um damit eine Ausweglosigkeit der politischen Zukunft zu suggerieren. Pestalozzi nennt das den «Widerspruch» des Menschen. Im mittleren Teil weist er allerdings nach, dass diese widersprüchlichen Interpretationen, die den Menschen in eine politische Ausweglosigkeit führen, nicht in der Natur der Sache liegen, der Gesellschaft an sich, sondern in der Natur des Menschen. Die Natur des Menschen bezeichnet Pestalozzi als doppelt beziehungsweise dreifach. Als Natur- oder auch Gesellschaftswesen kann der Mensch nicht anders, als die gesellschaftlichen Grundbegriffe so zu deuten, dass sie zu seinem eigenen, persönlichen Vorteil gereichen. Und weil das jeder tut, kann nie ein politischer Konsens entstehen, der dem Wohle aller dient. Die Pointe ist, dass der Mensch aber noch eine «dritte Natur» hat, die sich fundamental von seinen beiden ersten Wesensarten unterscheidet; diese ist die sittliche Natur: «Ich besitze eine Kraft in mir selbst, alle Dinge dieser Welt mir selbst, unabhängig von meiner tierischen Begierlichkeit und von meinen gesellschaftlichen Verhältnissen … vorzustellen.» (PSW XII, S. 105) Betrachtet der Mensch die gesellschaftlichen Grundbegriffe von diesem Standpunkt aus, so sieht er sie völlig anders, selbstlos, im

Dienste der «Wahrheit», das heißt gemeinwohlorientiert. Der dritte Teil der *Nachforschungen* baut auf diesen Erkenntnissen auf, spielt nun jeden der im ersten Teil erwähnten Grundbegriffe durch und fragt, wie diese dem «Naturmenschen», dem «gesellschaftlichen Menschen» und dem «sittlichen Menschen» erscheinen müssen. Dabei wird kein Zweifel daran gelassen, dass nur die «sittliche Weltsicht», die selbstlose Haltung zur Welt – der moralische Sansculottismus – eine Politik garantiert, die nicht den Privilegien weniger Reicher und Mächtiger zuarbeite, sondern zum Wohle aller gereiche. Die Widersprüche, in die sich der Mensch laut dem ersten Teil der *Nachforschungen* unlösbar verstrickt sieht, erweisen sich damit als illusionäre Konstruktionen von Menschen, die nicht sittlich sind und so sehr viel Leid und Ungerechtigkeit bewirken.

Pestalozzi hat die dreifache Struktur der menschlichen Natur, deren Anerkennung den Menschen zur Harmonie mit sich selbst bringen und ihm so eine selbstlose Weltsicht ermöglichen soll, nicht nur vertikal geschichtet, sondern sie auch horizontal «verschoben». Er benutzt dabei die Analogie von Menschheits- und Menschenentwicklung, das heißt von Phylo- und Ontogenese. Gemäß dieser Konstruktion wird das Kleinkind so von seiner natürlichen Natur und dem Überlebenstrieb bestimmt wie der vorgesellschaftliche «Wilde», woraus die angesprochene problematische «Selbstsucht» resultiere. Die Epoche des gesellschaftlichen Vertrags wird – in Übereinstimmung mit Pestalozzis Position der 1780er-Jahre – nicht als Ausdruck von Humanität oder Menschenfreundlichkeit gesehen, sondern primär als Mittel, seine Bedürfnisse einfacher und sicherer durch Eigentum befriedigen zu können. Entscheidend ist, dass der gesellschaftliche Zustand – die Jugend – die natürliche «Selbstsucht» nicht ändert, sodass die Gesetze, welche zum Schutz des Eigentums unerlässlich sind, dem Menschen stets als ungeliebter Zwang erscheinen, den er wohl für andere, aber nicht so sehr für sich selbst befürwortet. Erst der Aufstieg ins «Meisteralter», die Überwindung seiner «selbstsüchtigen» Weltsicht, bringt die prinzipiell wohlwollende und nicht egoistische Haltung zum gesellschaftlichen Leben der Menschen hervor. (PSW XII, S. 107)

In dieser horizontalen Verschiebung der vertikal angeordneten drei Naturen steckt ein pädagogisches Konzept, das in den *Nachforschungen* allerdings kaum ausgearbeitet ist. Es sieht vor, dass die erste Erziehung, die der natürlichen Natur, eine der natürlichen Bewegung und körperlichen Bekräftigung ist, dass die zweite Erziehung, die des gesellschaftlichen Lebens, von einer stark sozialisierenden und die «Selbstsucht» einschränkenden Berufsbildung geprägt ist, während die Saat der dritten

Erziehung, die mit der familialen Liebe beginnt und in der Sittlichkeit des einzelnen Menschen endet, erst dann aufgehen kann, wenn die gesellschaftliche Bildung, die berufliche Sozialisation, die «Verstümmelung» der «selbstsüchtigen» Natur des Menschen vollbracht hat. (PSW XII, S. 93) Die Tugendrepublik baut nun auf Menschen, deren sittliche Weltsicht durch die mittels harter Berufsbildung eingedämmte selbstsüchtige Natur möglich geworden war.

Literatur

Stadler, Peter (1988): Pestalozzi – Geschichtliche Biographie. Von der alten Ordnung zur Revolution. Zürich: NZZ, S. 327–430

Tröhler, Daniel (Hg.) (1998, 1999): Pestalozzis Nachforschungen I + II (Neue Pestalozzi-Studien, Bände 5 + 6). Bern: Haupt

Tröhler, Daniel & **Oelkers**, Jürgen (Hg.) (2004): Pestalozzis «Nachforschungen» (1797) im Kontext der schweizerischen Diskussionen über die Französische Revolution. In: Tröhler, Daniel & Oelkers, Jürgen (Hg.): Johann Heinrich Pestalozzi. Meine Nachforschungen über den Gang der Natur in der Entwicklung des Menschengeschlechts. Zürich: Pestalozzianum, S. 7–32

6

Die Helvetische Republik und die Entdeckung der «Methode»

Die Ausrufung der Helvetischen Republik 1798 schürte bei vielen Kritikern der damaligen Verhältnisse der Alten Eidgenossenschaft die Hoffnung, dass die Ideale, die man in der frühen Geschichte der freien eidgenössischen Gebiete erkannt haben wollte, wieder hergestellt werden würden. In der festen Überzeugung, dass die neue Republik weisere Machtträger an der Spitze haben werde, reichte Pestalozzi schon wenige Wochen nach der Revolution ein Gesuch bei der helvetischen Einheitsregierung ein, das auf die staatliche Unterstützung einer pädagogischen Anstalt zielte, die Pestalozzi im Stil des gescheiterten Neuhof-Projekts, berufspädagogisch zugespitzt, leiten wollte. Einstweilen wurde Pestalozzi aber Redaktor der offiziellen Presse der neuen Regierung, durch welche er die angestrebte Politik auch den Skeptikern der neuen Republik hätte näher bringen sollen. Die politischen Wirren brachten es aber mit sich, dass Pestalozzi gegen Jahresende nach Stans gesandt wurde, wo die militärischen Konflikte zahlreiche Waisen zur Folge gehabt hatten. Der Notfallcharakter dieser offiziell unterstützten Institution verhinderte zwar eine berufspädagogische Ausrichtung, wie sie Pestalozzi gewünscht hatte, legte aber den Grundstein für seine späteren Erfolge, weil hier zum ersten Mal die «Methode» sichtbar wurde. Als nach nur einem halben Jahr Aufenthalt in Stans die Anstalt wieder geschlossen werden musste, setzten sich Gönner Pestalozzis dafür ein, dass dieser im progressiven Burgdorf eine Stelle als Volksschullehrer antreten konnte, um die «Methode» weiterzuentwickeln.

Die Helvetische Revolution 1798 und die Hoffnung auf die Wiederherstellung der alten Tugendrepublik

Das 18. Jahrhundert hatte nicht nur in Zürich, sondern in weiten Teilen der Alten Eidgenossenschaft eine gewisse Oligarchisierung erlebt, sodass gegen Ende des Jahrhunderts nicht nur die Zürcher Landbevölkerung, sondern weite Teile der «Untertanengebiete» sowie die engagierten Reformkreise mit dem Zustand des Landes unzufrieden waren. Die Französische Revolution mit ihrer modernen naturrechtlichen Argumentation, laut der jeder Mensch Grundrechte habe, die nicht veräußert werden können, musste vor diesem Hintergrund auf besonders großes Interesse stoßen. Auch wenn es große Unterschiede zwischen den beiden Republiktypen gab – in Frankreich baute die Republik auf natürlichen Rechten und dem Gesellschaftsvertrag, während das Schweizer Verständnis davon ausging, dass die Tugend im Zentrum stehen und eine «Herrschaft der Besten und Verdientesten» (Meritokratie) existieren sollte –, dienten die einschlägigen Argumente aus dem westlichen Nachbarland für eine tief greifende Veränderung der Schweiz. Im Winter 1797/98 mehrten sich in verschiedenen Gebieten der Schweiz die Unruhen, und mit dem Einmarsch französischer Truppen und zweier kleiner Scharmützel gegen schlecht organisierte und nicht gerade heldenhafte Milizsoldaten in der Nähe von Bern war die Alte Eidgenossenschaft Geschichte. Wenngleich sich ein Großteil der Argumente für eine Veränderung der Verhältnisse am französischen Vorbild orientierte, blieb bei vielen das Ideal der alten Tugendrepublik bestehen, das heißt das Bild, das man sich von den alten, als tugendhaft und brüderlich eingeschätzten Freiheitskämpfern des 14. Jahrhunderts gemacht hatte.

Die Revolution war allerdings militärisch und formal weit schneller vollzogen, als die mentalen Strukturen vieler Bevölkerungsschichten verändert werden konnten. Neben den alten Machtträgern waren es vor allem die katholisch-konservativen Teile der Alten Eidgenossenschaft, die sich gegen die neue Regierung wehrten, nicht nur deswegen, weil aus einer jahrhundertealten stark föderalen Tradition mit entsprechend hoher regionaler Autonomie eine zentrale Einheitsregierung entstehen sollte, sondern weil der neue Staat nach französischem Vorbild laizistisch sein sollte, das heißt Staat und Kirche trennen wollte. Zu diesem Zeitpunkt – im Frühjahr 1798 – gelangte die neue helvetische Regierung an den Schriftsteller Pestalozzi mit dem Auftrag, dem Volk die neue Verfassung schmackhaft zu machen. Zum ersten Mal in seinem Leben mit einem offiziellen Auftrag bedacht, machte sich Pestalozzi sofort an die

Arbeit und reichte seine Schrift innerhalb weniger Tage ein. Die Eidgenossen werden darin fortwährend entweder als «Freunde und Brüder» oder als «Söhne der Tellen und Winkelrieden» angesprochen, die angefleht werden, die neue Verfassung anzunehmen, damit «wir uns wieder zum Geist der ersten Stifter unsers Bundes, der nichts sucht als frei zu sein und treue Brüder frei zu machen, erheben». (PSW XII, S. 281) Die neue Verfassung, die stark am französischen Vorbild orientiert war, sollte die «Wiederherstellung» der alten Tugendrepublik ermöglichen.

Im Vertrauen darauf, dass die neu eingesetzte Regierung ein Zeitalter der «Landesväter» eingeläutet hätte und dass sie deswegen «eine wesentliche Verbesserung der Erziehung und der Schulen für das niederste Volk» als «dringend» einstufen würde, reichte Pestalozzi gegen Ende Mai 1798 ein Gesuch bei der ihm offensichtlich wohlgesinnten Regierung ein, ihn in seinen pädagogischen Experimenten zu unterstützen. (PSB IV, S. 15) Mit dem «niedersten Volk» meinte Pestalozzi nicht etwa verwahrloste Menschen, sondern die große Klasse landloser Menschen, deren Kinder Knechte und Dienstboten werden würden und damit gerade nicht dem Ideal weitgehender wirtschaftlicher Unabhängigkeit entsprachen. Die «Klientel» war damit vergleichbar zu jener, die er auf dem Neuhof bedient hatte und die in *Lienhard und Gertrud* noch leicht erweitert worden war. Pestalozzi schwebte eine Pädagogik vor, die primär auf den Beruf zielte, der seinerseits den Lebensunterhalt der Menschen sichern sollte, was wiederum als Voraussetzung für eine öffentlich relevante Tugend gedacht war. Seine Chance sollte bald kommen, wenn auch unter äußerst erschwerten Bedingungen.

Einstweilen wurde Pestalozzis populäres schriftstellerisches Talent, das er noch in weiteren und ohne Auftrag verfassten Flugschriften im Sommer 1798 unter Beweis gestellt hatte, von der neuen Regierung, die sich in der Innerschweiz größerer Widerstände gegenüberstehend sah, als sie erwartet hatte, so geschätzt, dass Pestalozzi im Spätsommer 1798 offiziell zum Redaktor der Regierungspostille *Helvetisches Volksblatt* ernannt wurde. Die Publikationen richteten sich dabei vor allem an die noch immer «renitente» katholische Innerschweiz, deren Widerstand gegen die neue Verfassung nicht gebrochen werden konnte. Als alle Überredungsversuche als gescheitert angesehen werden mussten, griffen im Hort des Widerstands, Nidwalden mit seinem Hauptort Stans, die im Lande stationierten französischen Truppen ein und richteten in kurzer Zeit massive Verwüstungen mit zahlreichen Toten an. Nebst einer eingeschüchterten Bevölkerung hinterließen die Truppen Armut und Waisen beziehungsweise Halbwaisen, und die neue Regierung musste, wollte sie sich als legitim darstellen, handeln. In diesem Moment «erinnerte» sich die Regierung an die pädagogische Motivation Pestalozzis und sandte ihn nach Stans, um sich der Kinder anzunehmen. Der mittlerweile 52-jährige Pestalozzi war damit mit einem ihn sehr beglückenden Auftrag versehen, dem er sich ungeachtet der Skepsis vieler, auch seiner eigenen Familie, stellte.

> Zitat
>
> **Im Tagebuch seiner Frau Anna steht: «Im Oktober 1798 war Pestalozzi nach Stanz Oberaufseher der vielen Kinder, die in dem traurigen Gefecht ihre Eltern verloren, weil sie die neue Constitution nicht annehmen wollten.»** Obgleich sie ihn davor gewarnt habe, sich in seinem Alter zu übernehmen, sei er abgereist und habe ihr einen Brief geschrieben. Dieser Brief zeigt, wie sehr Pestalozzi unter der jahrelangen Isolation gelitten haben muss: «Jetzt kann die Frage, was mein und Euer Schicksal sein werde, nicht mehr lange zweifelhaft sein. Ich unternehme eine der grössten Ideen des Zeitpunkts. Hast Du einen Mann, der ... der Verachtung und der Wegwerfung wert ist, mit der man ihn allgemein behandelt hat, so ist für uns keine Rettung möglich. Bin ich aber unrichtig beurteilt worden, und das wert, was ich selber glaube, so hast du bald Hilf und Rath von mir zu erwarten. Aber jetzt still – jedes Wort von dir geht mir ans Herz.» (zitiert in NPS I, S. 35 f.)

Stans

Man kann nicht sagen, dass Pestalozzi als Reformierter, Befürworter der neuen Regierung und Ehrenbürger der Französischen Republik im verwüsteten Stans wirklich willkommen war, ungeachtet seines «menschenfreundlichen» Auftrags, sich mit finanziellen Mitteln des Zentralstaats um die Kinder der Kriegsopfer zu kümmern. Dass die Anstalt in einem Flügel des Frauenklosters untergebracht worden war, vergrößerte die Akzeptanz ebenfalls nicht. Diese war so gering, dass die Beamten die Kinder teilweise einfangen und mit Zwang in Pestalozzis Anstalt einweisen mussten, oft mit dem Resultat, dass sie – gut genährt und frisch eingekleidet – wieder verschwanden. Die Anfänge des Heimleiters mit sehr wenig Erfahrung und keiner pädagogischen Hilfskraft an seiner Seite waren nicht ermutigend, zumal die infrastrukturellen Bedingungen ebenfalls mangelhaft waren und so an eine berufspädagogische Ausrichtung nicht zu denken war.

Es spricht sowohl für die beeindruckende Energie als auch für die Verzweiflung Pestalozzis, dass er nicht nur durchgehalten, sondern in den bloß sieben Monaten der Existenz der Stanser Anstalt (Dezember 1798 bis Juni 1799) den Grundstein für seinen weiteren Werdegang legen konnte. Nicht zuletzt auch dank der Unterstützung der Nonnen sowie der Kapuzinermönche im Kloster am anderen Ende des Dorfs gelang es Pestalozzi allmählich, das Vertrauen der Kinder und damit die Duldung der Eltern zu gewinnen. Er war Lehrer, Aufseher und Vater in einem und lehnte sowohl Hilfe von außen als auch wissenschaftliche Erkenntnisse der Zeit ab. Im Glauben, dass die Kinder primär der Liebe bedurften, schien ihm eine akademisch ausgerichtete Didaktik beziehungsweise Methodik zu abgehoben; alles sollte sich aus der harmonischen Familienidylle entwickeln. Was immer aus dem «Naturverhältnis» entstehen konnte, musste «gut» sein und als solches die «verdorbene» Außenwelt zu bessern helfen. Die Kinder «waren ausser der Welt, sie waren ausser Stanz, sie waren bei mir, und ich war bei Ihnen», schrieb Pestalozzi Jahre später in seinem berühmten *Stanser Brief*. (PSW XIII, S. 9)

Entsprechend war die Pädagogik, zumindest laut Bericht des mittlerweile berühmten Pestalozzi 1807 (andere Quellen für die Zeit in Stans gibt es leider kaum), eine dreigliedrige, die allerdings nur zum Teil mit den drei anthropologischen Wesenselementen der *Nachforschungen* (1797) in Übereinstimmung gebracht werden kann. Die Basis seines Ansatzes ist die Liebe, die im Kind durch die Befriedigung der primären Bedürfnisse wie seelische und physische Wärme, Nahrung und Kleidung entwickelt wird und die eine bestimmte «Gemütsstimmung» zur Folge hat. Diese «Gemütsstimmung» ist sodann die Grundlage dafür, dass die Kinder – wenngleich auch nicht immer aus reiner Freude, weshalb sie Anleitung, Ermahnung und Übung in der «Überwindung» nötig haben – eine Lebenspraxis entwickeln, durch die sie wie von selbst auf «grosse Wahrheiten» stoßen. Ganz im Stil einer antiaufklärerischen Pädagogik polemisiert Pestalozzi gegen die Vermittlung rationaler beziehungsweise moralischer Erkenntnisse, weil diese immer nur «oberflächlich» bleiben würden. Die intellektuelle Bildung setzt daher diese «Gemütsstimmung» sowie eine moralische Lebenspraxis voraus und stellt bloß den Versuch dar, die intuitiv aus einer moralisch geläuterten Lebenspraxis heraus erkannten «grossen Wahrheiten» zu verbalisieren. Sprachlehre ist dadurch die Lehre von der Formulierung vorsprachlich erkannter «Wahrheiten», die sich ihrerseits der Liebe und ihren Folgen verdanken. Die Berufsbildung, für die sich Pestalozzi ursprünglich engagieren wollte, fehlte zwar im Stanser Experiment nicht völlig, wurde aber in der Reflexion nur am

Rande theoretisch verarbeitet. Im Zentrum stand die «sittliche Elementarbildung», wie es 1807 hieß:

> **Zitat**
>
> **«Sittliche Elementarbildung»:** In der Zusammenfassung nennt Pestalozzi seine Pädagogik – in der Sprache von 1807 – «sittliche Elementarbildung», die drei Teile umfasse: «Der Umfang der sittlichen Elementarbildung beruht überhaupt auf den drei Gesichtspunkten, [erstens, Anm. des Verf.] der Erzielung einer sittlichen Gemütsstimmung durch reine Gefühle; [zweitens, Anm. des Verf.] sittlicher Übungen durch Selbstüberwindung und Anstrengung in dem, was recht und gut ist, und endlich [drittens, Anm. des Verf.] der Bewirkung einer sittlichen Ansicht durch das vergleichende Abwägen der Rechts- und Sittlichkeitsverhältnisse, in denen das Kind schon durch sein Dasein in der Umgebung steht.» (PSW XIII, S. 19)

Die zeitgenössischen Berichterstattungen zeugen von einem überaus engagierten Leiter Pestalozzi, der sich allerdings in seiner totalen Hingabe in einer Art erschöpfte, dass er weder für Anregungen noch für Hilfe offen war. Spannungen mit den Behörden blieben in der Folge nicht aus, sodass – als im Frühsommer 1798 ein Teil des kontinentalen Kriegs auf Schweizer Boden stattfand und die französischen Truppen ein Lokal für ihre verletzten Soldaten brauchten – die helvetische Regierung in der Innerschweiz mangels Alternativen Pestalozzis Anstalt zur Verfügung stellte. Dieser Entscheid führte bei Pestalozzi zu einem Zusammenbruch, von dem er sich in einem Kurort (Gurnigel) in der Nähe von Bern in einem mehrwöchigen Aufenthalt erholen wollte. Seine pädagogischen Ambitionen wurden damit aber nicht eingestellt, und der Zufall wollte es, dass die Helvetische Republik dringend einer neuen Schulmethode bedurfte, die sie bei Pestalozzi gefunden zu haben glaubte.

Burgdorf: Die «Methode»

Der Begriff der «Methode», der für lange Zeit Pestalozzis Pädagogik sprachlich bündelte, gleichsam als «Zauberwort» im zeitgenössischen Kontext wirkte und wesentlich dazu beitrug, Pestalozzi in weiten Teilen Europas zu Ruhm zu verhelfen, stammte nicht von Pestalozzi selbst, sondern von seinem Förderer, dem helvetischen Bildungsminister Philipp Albert Stapfer (1766–1840). Stapfer hatte die undankbare Aufgabe, mitten in den Kriegswirren und mit leerer Staatskasse ein neues Schulsystem aufzubauen, für welches es nicht nur an ausgebildetem Personal fehlte, sondern auch an einer modernen Unterrichtsmethode. Als sich nach dem unglücklichen Ende in Stans im Juni 1799 die Frage stellte, was mit Pestalozzi zu geschehen habe, setzte Stapfer in der helvetischen Schulfrage auf Pestalozzi, der sich allerdings 1798 publizistisch in der Sache der Steuergerechtigkeit bei der helvetischen Regierung durch seine radikalen Vorschläge sehr unbeliebt gemacht hatte. Stapfer begründete gegenüber der Exekutive sein Eintreten für Pestalozzi mit dem Hinweis, dieser habe eine Methode gefunden, mit welcher die Schüler ganz einfach lesen lernen könnten: «Il a découvert une méthode très simple pour apprendre à lire aux enfants», wobei er die besonderen Schwierigkeiten dieses Unterrichtsfachs gerade dadurch gelöst habe, dass er es «sur la nature le l'esprit des enfants» gegründet habe. (Stapfer vom 23. Juli 1799, zitiert in Luginbühl 1902, S. 187 f.) Nicht die berufliche Bildung minderprivilegierter Menschen im Schoße eines ethisch legitimierten Staats, zu dem Pestalozzi seinen Beitrag leisten wollte, stand nunmehr im Zentrum, sondern eine Methode des Lesenlernens auf der Basis des kindlichen Geistes und seiner Entwicklung, das heißt aufgrund psychologischer Gesetze.

Bis Pestalozzi Institutsleiter auf Schloss Burgdorf werden sollte, mussten zahlreiche Hindernisse überwunden werden, und es ereigneten sich etliche Zufälle. In den 13 Monaten zwischen der Schließung von Stans und dem Einzug ins Schloss Burgdorf im Juli 1800 unterrichtete Pestalozzi in Burgdorf mit unterschiedlichem Erfolg. Der Zufall wollte es, dass der designierte helvetische Lehrerbildner Johann Rudolf Fischer (1772–1800) das Schloss Burgdorf für ein helvetisches Lehrerseminar auserkoren hatte, er jedoch im Mai 1800 verstarb, bevor das Seminar eröffnet werden konnte. Zudem hatte sich in Burgdorf eine Anzahl Kinder versammelt, die im Frühjahr 1800 unter der Leitung des jungen Lehrers Hermann Krüsi (1775–1844) als Kriegsflüchtlinge aus der Ostschweiz in den sichereren Kanton Bern gereist waren. Als Pestalozzi im Juni 1800 der helvetischen Regierung das Gesuch stellte, ihm das Schloss als privates Institut zu überlassen, in welchem er unterrichten, arme Kinder erziehen und Lehrer ausbilden wollte, wurde ihm das Gebäude überlassen. Hier, im Schloss Burgdorf, kam Pestalozzi zu pädagogischem Ruhm. Allerdings musste die Familie Pestalozzi gleich zu Beginn der Zeit im Schloss (1801) den Tod des einzigen Kindes Hans-Jakob (1770–1801) verkraften, der aufgrund seiner Krankheit ein wenig glückliches Leben geführt hatte.

> ### Zitat
>
> Im Tagebuch von Anna Pestalozzi-Schulthess wird der Tod des Sohnes beschrieben und auch auf Pestalozzis neue Aufgabe verwiesen: «Am 15. August abends um 8 Uhr war der Todestag unsers lieben einzigen Kindes. Im Monat Mai befiel ihn wiederum auf eine sehr betrübliche Weise seine Krankheit, so dass ich … wieder heim berufen wurde. (…) Endlich schwächte sich die Natur nach und nach, seine Anfälle wurden anders als bisher. Die Zunge war betroffen, und das Gedächtnis so geschwächt, dass er die ganze Zeit über nur einzelne Worte aussprechen konnte. (…) Ein grosses Werk, das sein lieber Vater mit Erziehung junger Leute in Burgdorf angefangen hat, hinderte diesen lieben guten Gatten, ihn noch zu sehen.» (zitiert in NPS I, S. 45 f.)

Eine im Juni 1800 vom Erziehungsminister Stapfer gegründete *Gesellschaft von Freunden des Erziehungswesens* half Pestalozzi bei der Realisierung seines «großen Werks». Sie drängte Pestalozzi, die Grundlagen seiner «Methode» öffentlich zu präsentieren, woraus *Wie Gertrud ihre Kinder lehrt* entstand. (PSW XIII) Das Buch besteht aus 14 «Briefen» und argumentiert in den ersten vier autobiografisch. Pestalozzi erzählt von seinem schweren, leidgeprüften Leben, um anschaulich zu machen, dass die einzigartige Kombination von ursprünglich erhaltener «Naivität» und harter Lebenserfahrung ihn zur Entdeckung des «Naturgangs» in der Erziehung geführt habe. Dieser Naturgang wird in den weiteren zehn Briefen systematischer dargestellt, wobei die «naturgemäße» Bildung der kognitiven Kräfte des Menschen im Zentrum der Briefe fünf bis zehn steht. Das Prinzip der Natürlichkeit leitet Pestalozzi aus dem Umstand ab, dass Menschen stets in einer konkreten Umgebung stehen und von und an dieser lernen können, ein Umstand, den er pädagogisch als Prinzip der «Anschauung» bezeichnet. Die «Anschauung» ist das Fundament aller Erkenntnis, die sich selbst in drei Elemente teilt, in die *Form*, die *Zahl* und den *Begriff* der Dinge. Dieser Elementarisierung der Dinge entsprechen auf der Seite des Kindes je eigene Kapazitäten, die ihrerseits durch einen natürlichen Entwicklungsgang vorgeprägt sind, der durch die (geordnete) Begegnung mit der Außenwelt ausgelöst wird. Das Prinzip der «Anschauung» nimmt damit eine Brückenfunktion zwischen der Außenwelt und dem inneren Entwicklungsprinzip der Menschen ein. Die Außenwelt darf dabei aber nicht als chaotisch erscheinen, sondern muss zu diesem Zweck dem Kind wohl geordnet vor Augen gebracht werden. Dieses Konzept sollte Pestalozzi in den nächsten Jahren in seinen Lehrbüchern ausformulieren.

Doch damit nicht genug. Die kognitive Entwicklung sollte nicht «unbegleitet» vor sich gehen, sondern eingebettet in die Entwicklung anderer menschlicher «Kompetenzen», nämlich der physischen Bildung, der sich Pestalozzi im zwölften Brief zuwendet, sowie – und vor allem – der sittlich-religiösen Bildung, auf die Pestalozzi in den beiden letzten Briefen zu sprechen kommt, in welchen die Mutter-Kind-Beziehung als das Fundament aller religiösen Bildung und damit aller wahren Menschenbildung überhaupt gepriesen wird. Die Vorrangstellung der sittlich-religiösen Bildung begründet Pestalozzi damit, dass die reale Welt der täglichen Anschauung nicht mehr «Gottes erste Schöpfung» sei und damit die Menschen leicht korrumpiere, wovor sie keine noch so gute intellektuelle Bildung schütze. Der Schutz baue auf der inneren Stabilität des Menschen, die durch die Liebe zur Mutter erzeugt wird. Liebe, welche der Mensch allmählich auf Gott überträgt und so «Gottes erste Schöpfung» kennengelernt hat. Die Harmonie der drei humanen Kräfte, jene des Kopfes, des Körpers und des Herzens – die erst durch die Vorrangstellung der Letzteren möglich wird –, ist für Pestalozzi das Ziel der «Methode», das er der Welt nach 1800 versprach.

Literatur

Stadler, Peter (1993): Pestalozzi. Geschichtliche Biographie. Band 2. Von der Umwälzung zur Restauration. Zürich: NZZ, S. 19–130

Tröhler, Daniel (2006): Republikanismus und Pädagogik. Pestalozzi im historischen Kontext. Bad Heilbrunn: Klinkhard, S. 441–460

Tröhler, Daniel, **Zurbuchen**, Simone & **Oelkers**, Jürgen (Hg.) (2002): Der historische Kontext zu Pestalozzis «Methode». Konzepte und Erwartungen im 18. Jahrhundert (Neue Pestalozzi-Studien, Band 7). Bern: Haupt

Propaganda und institutioneller Erfolg

Pestalozzis «Methode» wurde schon sehr früh von Gönnern in der Schweiz in einer Art und Weise gefördert, dass es sich durchaus von Propaganda sprechen lässt. Diese Propaganda führte in der Schweiz zu einem Entscheid der helvetischen Regierung, Pestalozzis Schulbücher nicht nur durch einen Druckvorschuss zu fördern, sondern sie durch ein Privileg abzusichern, das heißt, ihnen das damals wenig übliche staatlich gesicherte Copyright zu verschaffen. Der nationale Erfolg erzeugte aber auch sehr bald großes Interesse im Ausland. Das Versprechen einer gleichzeitig kognitiven, physischen und sittlich-religiösen Bildung, die durch die «Methode» erst noch sehr einfach zu vermitteln sei, war für das Europa nach 1800 so verlockend, dass ausländische Nationen Interessenten nach Burgdorf schickten, um die «Methode» zu erlernen und um dieselbe gegebenenfalls in den jeweiligen Staaten einzuführen. Die populären Zeitschriften berichteten regelmäßig über Burgdorf und dessen Leiter und publizierten einschlägige Reiseberichte, wobei sich die Darstellungen der «Methode» in ihrer Form alle sehr ähnlich waren: Im Zentrum stand Pestalozzis Person, sein ungewöhnliches und leidvolles Leben und seine pädagogische Mission zum Wohle der Menschheit. Was über seinen Erfolg in der zeitgenössischen Rezeption und der Forschung vergessen ging, war der Umstand, dass wohl die politische Argumentation aus Pestalozzis Werken verschwunden, aber das Motiv noch immer – wenn auch versteckt – politisch-ethisch motiviert war. Die natürliche, psychologische Erziehungsmethode sollte denjenigen Menschen (wieder) hervorbringen, nach dem er schon in seiner Jugendzeit gesucht hatte: den tugendhaften politischen Menschen, der seine Freiheit zum Wohle der Allgemeinheit einsetzt.

Die Schweizer Propaganda und ihr Erfolg

Die im Juni 1800 vom Erziehungsminister Stapfer gegründete *Gesellschaft von Freunden des Erziehungswesens* drängte Pestalozzi nicht nur, die Grundlagen seiner «Methode» in *Wie Gertrud ihre Kinder lehrt* zu publizieren, sondern setzte sich auch dafür ein, dass die «Methode» von unabhängiger Seite evaluiert werde. Dafür gewann sie den angesehenen, philosophisch geschulten Dekan Johann Samuel Ith (1747–1813), der, nachdem er eine Wahl zum Innenminister der Helvetik ausgeschlagen hatte, zum Präsidenten des bernischen Erziehungsrats ernannt worden war. Ith besuchte Pestalozzi in Burgdorf und verfasste darüber einen Bericht. In diesem hebt er sechs Punkte hervor, die alle dazu dienten, die «Methode» ins beste Licht zu rücken. Erstens betont Ith, dass Pestalozzis «Lehrart … neu, mithin eine wahre Entdeckung sei» und somit keine Vorgängerin habe. Zweitens wird hervorgehoben, dass sich die «Methode» an der natürlichen Entwicklung des menschlichen Geistes orientiere, dass sie also entwicklungspsychologisch fundiert sei. Diese Fundierung führe dazu, so der dritte Punkt, dass der Unterricht schnell und einfach werde und dass sie – viertens – es erst noch mit sich bringe, dass weder beim Lehrer noch beim Schüler Kenntnisse oder Fertigkeiten, sondern bloß gesunde Sinne vorausgesetzt werden müssten. Fünftens führe der sichere Erfolg dieser «Methode» zu einem gestärkten «Selbstgefühl» der Lehrenden und fördere dadurch deren «Selbstzufriedenheit», was wiederum die «Sittlichkeit» begünstige. Und sechstens, so Ith, sei die «Lehrart» nicht einfach nur auf elementare Unterrichtsfächer beschränkt, sondern umfasse alle Schulfächer bis hin zur Religion. Die Schlussfolgerung lautet, dass mit dieser «neuen Lehrmethode … jener wahre Elementarunterricht gefunden sei, … der dem Kinde zu allem Vorübung gibt, der zu allen Künsten und Wissenschaften vorbereitet, der auf alle Stände und Classen anwendbar und für die völlige Menschenbildung, als erstes Fundament, unentbehrlich» (Ith 1802, S. VIII) sei.

Auf Antrag des Berichterstatters Ith beschloss die Exekutive der Helvetik im Dezember 1802, Pestalozzi erstens einen Vorschuss von 8000 Franken für den Druck der praktischen Elementarbücher zu geben, zweitens für diese Schulbücher ein Privileg zu erteilen, ihm drittens die Einrichtung eines nationalen Lehrerseminars zu übergeben, viertens Gehaltsgarantien für Pestalozzi und seine Mitarbeiter zu geben und fünftens, was für den publizistischen Erfolg am wichtigsten war, den Druck des Ith-Berichts und die empfehlende Versendung desselben in vierfacher Ausführung an alle Erziehungsräte und Schulinspektoren der

Schweiz zu veranlassen – zusammen mit je 25 Exemplaren von Subskriptionsankündigungen für die noch nicht existierenden pestalozzischen Lehr- beziehungsweise Elementarbücher. Auf dieser Basis konnte sich eine Propaganda entwickeln, die auf ein Umfeld stieß, das für die Versprechen im Zusammenhang mit der «Methode» bemerkenswert offen war.

Der Erfolg Pestalozzis war allerdings nicht unumstritten, doch Konkurrenten waren, wie etwa der St. Galler Johann Rudolf Steinmüller (1773–1835), mit Pestalozzi oft so unzimperlich umgegangen, dass sie ihre wenigen Sympathisanten verärgerten. Die Konkurrenzsituation zeigt, dass sich nach dem Zusammenbruch der Alten Eidgenossenschaft beziehungsweise mit dem Beginn der Helvetik ein freier pädagogischer Markt gebildet hatte, in welchem die Anbieter die Machtträger von der Qualität ihres Produkts überzeugen wollten und auf dem mit persönlichen Beziehungen und allen publizistischen Tricks um die Gunst der politischen Protektion gebuhlt wurde. Mithilfe der Propaganda entstanden bereits ab 1802 etliche Privatschulen unter dem Pestalozzi-Label, die teilweise recht wenig mit der «Methode» zu tun hatten, was sie ja auch gar nicht konnten, solange erstens die «Methode» noch immer primär auf die Mütter bezogen blieb und zweitens die zahlenden Eltern klare Resultate wollten – und diese forderten zumeist nicht «Menschenbildung», sondern einen erfolgreichen Wissenstransfer. Selbst für die staatlichen Schulen der Helvetik wurden diese erfolgreichen Privatschulen zum Problem. In Stäfa im Kanton Zürich etwa entschieden die Eltern an einer improvisierten Gemeindeversammlung 1803 kurzerhand und ohne den zuständigen Erziehungsrat zu informieren, den äußerst beliebten privaten Lehrer, der angeblich oder tatsächlich nach Pestalozzis «Methode» unterrichtete, zum offiziellen Lehrer zu ernennen und den bisherigen Lehrer zu suspendieren, was vonseiten des Erziehungsrats zwar eine entsprechende Rüge nach sich zog, aber auch den Entscheid der kantonalen Behörden, künftig Seminaristen zu Pestalozzi zu entsenden.

Der Erfolg im Ausland und der Kult um Pestalozzi

Die schulpolitischen Ereignisse in der Schweiz zogen schnell große Aufmerksamkeit in Deutschland auf sich. Bereits Ende 1801 erschien im arrivierten *Neuen Teutschen Merkur* ein anonymer Bericht über einen Besuch in Burgdorf, in welchem die «Methode» als Inbegriff der allgemeinen Menschenveredlung ohne «Charlatanerie» und «Metaphysik» gepriesen wird, die überall und zu jeder Zeit anwendbar sei und nicht primär Gelehrte, sondern eben wahre Menschen bilden würde und deswegen ständeübergreifend sei. Nebst weiteren Zeugenberichten in populärwissenschaftlichen Zeitschriften und verschiedenen Anzeigeblättern, den «Intelligenzblättern», erschien 1802 auch der Bericht Samuel Iths, der sofort große Verbreitung fand. Kurz darauf wurde überall vom Entscheid der helvetischen Regierung berichtet, Pestalozzi einen Druckkostenvorschuss und das Druckprivileg (eine Art Copyright) zu erteilen. Im selben Jahr erschien schon das erste Buch über die «Methode», nämlich Johann Friedrich Herbarts *Pestalozzi's Idee eines ABC der Anschauung*, das insgesamt nur wenig von Pestalozzi, dafür umso mehr von Herbarts Bemühen handelt, mit dem Prinzip der Anschauung die Mathematik zum Fundament allen Unterrichts zu erheben. Ein Jahr später (1803) war Pestalozzi bereits so populär, dass das *Journal des Luxus und der Moden* die noch gar nicht gedruckten (!) Elementarbücher zum europäischen Trendartikel ernennen konnte. In diesem Jahr erschienen nebst den drei Schulbüchern Pestalozzis zwei weitere Monografien zu und über ihn, die ihrerseits die Publizistik noch weiter anheizten, sodass die Literatur ab 1804 kaum mehr übersichtlich, vor allem aber ziemlich pathetisch wurde.

Von wenigen Ausnahmen abgesehen sind diese Beiträge – anerkennende und ablehnende – ähnlich charakterisiert. Zunächst wird fast immer der Bericht Samuel Iths erwähnt, der die neue Methode verheißungsvoll und offiziell propagiert hatte, gefolgt von Pestalozzis eigener Lebensbeschreibung. Die biografische Erläuterung der Entdeckung der «Methode», die Pestalozzi in *Wie Gertrud ihre Kinder lehrt* selbst angedeutet hatte, verfing sich interessanterweise auch bei skeptischen Besuchern, die dann zwar die «Methode» als Schul- und Unterrichtsmethode kritisierten, aber immerhin deren «Geist» priesen, wie etwa der preußische Theologe Adolf Soyaux. Die erste Sekundärliteratur aus den Jahren 1802 und 1803, Samuel Iths 1802 erschienener Bericht und Pestalozzis *Wie Gertrud ihre Kinder lehrt*, wurden in der Folge in der populären Presse auf Hunderten von Seiten beschrieben und kommentiert, wobei auch diese Kommentare wiederum Gegenstand der Kritik wurden. Von dem Zeitpunkt an, als Pestalozzi sich mit seinem Buch *Wie Gertrud ihre Kinder lehrt* zum ersten Mal öffentlich zur «Methode» äußerte (1801), erschienen bis 1805 insgesamt an die 200 Titel zu und über Pestalozzi, angefangen von einfachen Anzeigen bis hin zu umfassenden Büchern, wobei 1804 bereits die erste Pestalozzi-Dissertation durch den Theologen Theodor Ziemssen vorlag. Die Mehrheit der populären Presse war dabei fest in den Händen der

Pestalozzianer. Das gilt nicht nur für den *Teutschen Merkur*, sondern auch – bereits 1803 – für die *Neue Berlinische Monatsschrift*. Als der Pfarrer und Armenlehrer Karl Friedrich Riemann (1781–1809) in einem Aufsatz Pestalozzi beschuldigte, durch seine «Methode» alle sozialen Banden lösen zu wollen und die religiöse Erziehung zu unterlaufen, druckte Johann Erich Biester (1749–1816), der Herausgeber der Zeitschrift, den Aufsatz zwar, fügte ihm aber eine Vorbemerkung und vor allem einen langen Kommentar hinzu, in dem er auf viele positive Berichte verwies und die Gefahr einer amoralischen Erziehung durch Pestalozzis «Methode» mit folgenden Worten kontert: «Dass ein guter Kopf ohne Moralität gefährlich ist, davon ist gewiss Niemand inniger überzeugt, als der Verfasser von *Lienhard und Gertrud*.» (Biester 1804, S. 143)

Die Strategie in *Wie Gertrud ihre Kinder lehrt*, die «Methode» über die Biografie Pestalozzis zu propagieren und dabei an den literarischen Großerfolg von *Lienhard und Gertrud* zu erinnern, hatte sich als Erfolg erwiesen. Die Affinität zum leidenvollen Leben Jesu Christi und dem Versprechen der Erlösung führte fast von selbst zu einer biblischen Sprache im Umgang mit der «Methode» und dessen Entdecker, sodass Pestalozzi auch daran ging zu prüfen, inwiefern das Matthäus-Evangelium mit seiner «Methode» in Übereinstimmung stehe.

> **Zitat**
>
> **An Pfingsten 1803 schrieb der Theologe, Pädagoge und Schriftsteller Johann Ludwig Ewald (1748–1822) an Pestalozzi: «Endlich komme ich dahin Ihnen einen ordentlichen Brief zu schreiben, edler Freund der Menschen, Märtyrer für die Menschheit, also des guten, Kolumb für intellektuelle Menschenbildung; so Gott will, gekrönt mit der besten Krone der Menschenachtung, mit Liebe der Edleren, der Notablen, im Reiche Gottes.» Dabei kommt er zum Schluss: «Kurz: das Christentum ist eine pestalozzische Methode, religiöse Begriffe zu entwickeln, religiösen Sinn zu bilden, oder Ihre Methode ist eine christliche Methode, das intellektuelle Vermögen zu bilden – oder vielmehr: Beide haben aus einer Quelle geschöpft: aus der menschlichen Natur und ihren Bedürfnissen.» (Erscheint in SBaP I)**

Politik oder Pädagogik?

Die mehrfachen Vorteile der pestalozzischen «Methode», natürlich, einfach, ganzheitlich, religiös, die Persönlichkeit stärkend, ohne große

Vorbildung anwendbar zu sein, wurde nicht nur in der Presse zu einem beliebten Thema, sondern auch in den Bildungsverwaltungen der einzelnen Länder. Entscheidend sollte das Interesse Preußens sein, das sich insbesondere nach den Niederlagen 1806 in Auerstedt und Jena gegen die Truppen Napoleons vor die Aufgabe der Neuformierung des Staates gestellt sah. Dass die Erneuerung oder Neuorientierung auch über eine andere Pädagogik möglich sein sollte, war zwar schon vorher formuliert worden, aber der «Durchbruch» dieses Denkmodells vollzog sich erst nach 1808, als der mittlerweile berühmt gewordene Philosoph Johann Gottlieb Fichte (1762–1814) – mit dem sich Pestalozzi 1793 in Zürich über die Französische Revolution unterhalten hatte – in seiner im Winter 1807/08 gehaltenen berühmten *Rede an die deutsche Nation* eine neue Erziehung forderte und dabei auf Pestalozzi verwies. Es sollte sich für Pestalozzi als glücklicher Zufall erweisen, dass ab 1809 mit Georg Heinrich Ludwig Nicolovius (1767–1839) ein alter Freund Sektionschef für Kultus im preußischen Innenministerium wurde, der zu Beginn unter Wilhelm von Humboldt (1767–1835) arbeitete, welcher ebenfalls Sympathien für Pestalozzis «Methode» entwickelte. Vor diesem Hintergrund erstaunt es nicht, dass Preußen in der Folge *Eleven* zu Pestalozzi schickte, eine Art Seminaristen, welche die «Methode» erlernen und dieselbe im Heimatland anwenden sollten. Ohne weitere Ausbildung wurden sie als Hilfslehrer angestellt und hatten im Rahmen des Institutslebens an der Lehre und Aufsicht über die Kinder teilzunehmen und ab und zu Berichte an die entsprechenden Stellen in ihrem Heimatland zu schicken.

> **Definition**
>
> ***Eleven:*** **Als Eleven wurden diejenigen Lehrkräfte bezeichnet, die von ausländischen Regierungen nach Burgdorf und Yverdon entsandt wurden, um die «Methode» zu erlernen und dementsprechend ausgebildet ins Vaterland zurückzukehren. Führend war, was die Prominenz der politischen Förderer und die Zahl der Eleven betrifft, Preußen. Die Eleven bildeten insofern eine eigene Gruppe, als sie erstens gleichzeitig «Seminaristen» und «Praktikanten» waren und als sie zweitens nicht im Schloss selbst, sondern in Pensionen wohnten. Eine systematische Seminarausbildung existierte aber nie, obgleich Pestalozzi diese anstrebte.**

Nach der Schweiz zeigten zunächst zwei Länder Interesse an der Umgestaltung ihres Bildungswesens nach dem Vorbild der «Methode», nämlich neben Preußen noch Dänemark. Es mag überraschen, dass ausgerechnet zwei lutherisch geprägte Monarchien Interesse an der Pädagogik eines bekennenden Republikaners zeigten, der in seiner Sozialethik stark von Zwingli, der sich in diesem Punkt erheblich von Luther unterschied, geprägt war. Der entscheidende Punkt lag darin, dass die «Methode» die sozialethischen Implikationen von Pestalozzis früherer Pädagogik verdeckte, sodass sie universell anwendbar erschien, das heißt, dass sie auch in anderen als republikanischen Kontexten verwendet werden konnte. Die entscheidende Wende war der Rückgriff auf eine Seele des Menschen, die als sich natürlicherweise entwickelnd begriffen wurde und der es lediglich an Kraft fehle, die Entwicklung selbst zu vollziehen. Erziehung war Hilfe der Seele, die ihrerseits religiöse wie kognitive Aspirationen abdecken konnte. Kein Zwinglianer, kein Lutheraner und später kaum ein Katholik war gegen die Natürlichkeit des Kindes, niemand gegen eine naturgemäße Erziehung im Sinne der Entfaltung, und viele glaubten Pestalozzi, dieses pädagogisch-psychologische Menschenbild sei die wahre Ausgangslage einer schulischen und erzieherischen Methodik. Europa hatte mit Pestalozzi zu einer psychologisierten pädagogischen Sprache gefunden, die vage genug war, unterschiedliche Projektionen zuzulassen, das heißt, das Angebot der «Methode» mit dem Interesse eines nationalen Schulsystems zu verbinden. Die Verknüpfung von Pädagogik und zukunftsträchtigem *nation building* gehörten seit den Jahren nach 1805 zum unhinterfragbaren Topos. Das ist bis heute so.

Es stellt sich die Frage, ob Pestalozzi seine alten republikanischen Ideale mit der «Methode» preisgegeben hatte. Er scheint mit dieser Idee gespielt zu haben, wie zwei Briefe vom September 1805 zeigen. Anfang September 1805 schreibt er an David Vogel (1760–1849), einen Freund aus alten Zürcher Zeiten: «Wehmut ergreift mich. Ich bin kein Zürcher, ich bin kein Schweizer mehr. Wir haben kein Vaterland mehr. Lasst uns Menschen bleiben und das Menschheitsinteresse sich dennoch nicht in uns mindern bis in unser Grab.» (PSB V, S. 36) Diese Stelle erinnert wohl nicht zufällig an Jean-Jacques Rousseaus (1712–1778) Einleitungspassagen in *Emile* (1762), in welchen dieser mit der Aussage kokettiert, es gäbe in der modernen Welt weder Vaterland noch Citoyen, weswegen ein natürlicher Mensch erzogen werden müsse, eine Absicht, die aber im Roman selbst nicht eingehalten wird, weil Emile am Ende dem Vorbild des römischen Bürgersoldaten gleichen soll. Ähnlich schimmert auch bei Pestalozzi der Republikanismus wieder durch, und zwar in einem Brief an seinen mittlerweile engen Mitarbeiter Johannes Niederer (1779–1843), der auf einer Reise durch die Schweiz Daten für eine Biografie Pestalozzis sammelte. Diesem schrieb Pestalozzi am 20. September

1805: «Du bist jetzt in Zürich. Lebe mit offnen Augen! Frage insonderheit dem Lindauer Journal, in dem der für mich so wichtige Aufsatz Agis stet, nach.» (PSB V, S. 43)

Die Politik war nicht verdrängt, stand aber im Zeichen «verdorbener» Zeiten nicht mehr in vorderster Reihe gemeinwohlorientierter Maßnahmen. Diese zentrale Position kam ausschließlich der Pädagogik zu, genauer gesagt der «Methode». An den bekannten Zürcher Politiker Paul Usteri (1768–1831) schrieb Pestalozzi deshalb im Mai 1807: «Der Traum, aus den Menschen durch die Politik etwas zu machen, ehe sie wirklich etwas sind, dieser Traum ist in mir verschwunden. Meine einzige Politik ist jetzt, aus den Menschen etwas zu machen und so viel aus ihnen zu machen als immer möglich.» (PSB V, S. 251) Die politische Ambition war nur noch Ziel, Politik aber als Mittel der «Volksführung» weitgehend verschwunden. Wo auch die Appelle an die «edlen» Machtträger nicht gefruchtet hatten, ihre Staaten zum Gemeinwohl aller Menschen einzurichten – ein Anliegen, das noch in den *Nachforschungen* (1797) deutlich wird –, muss eine allgemeine, natürliche Pädagogik «aus den Menschen etwas machen», ehe sie als politische Wesen in Erscheinung treten. Ganz offenbar waren die unterschiedlichsten Nationen Europas mit diesem Programm zu ihrer nationalen Erneuerung einverstanden, wenngleich die meisten wohl unterschiedliche Visionen davon hatten, was ein Citoyen im Rahmen ihres Staates zu sein hatte.

Literatur

Hager, Fritz-Peter & **Tröhler**, Daniel (Hg.) (1996): Pestalozzi – wirkungsgeschichtliche Aspekte. Dokumentationsband zum Pestalozzi-Symposium 1996 (Neue Pestalozzi-Studien, Band 4). Bern: Haupt

Oelkers, Jürgen & **Osterwalder**, Fritz (1995): Pestalozzi – Umfeld und Rezeption. Studien zur Historisierung einer Legende. Weinheim: Beltz

Tröhler, Daniel, **Zurbuchen**, Simone & **Oelkers**, Jürgen (Hg.) (2002): Der historische Kontext zu Pestalozzis «Methode». Konzepte und Erwartungen im 18. Jahrhundert (Neue Pestalozzi-Studien, Band 7). Bern: Haupt

8

Pestalozzis Charisma als Garant und Problem

Als Pestalozzi in den Jahren 1807 bis 1810 auf dem Höhepunkt seines pädagogischen Schaffens war, hatten ihn die politischen Wirren längst aus Burgdorf vertrieben und ihn über Umwege nach Yverdon am südlichen Ende des Neuenburger Sees geführt. Die Anzahl der Mitarbeitenden sowie der Schüler wuchs stetig an, sodass aus dem einst eher beschaulichen Institut in Burgdorf ein stattliches Unternehmen geworden war. Die Größe des Instituts war zwar ein Anzeichen für den Erfolg des Unterfangens, bot aber zugleich neue Probleme, insbesondere im Management der Organisation. Die familiale Struktur und paternalistische Kultur, die in den ersten Monaten in Burgdorf praktikabel waren, stießen bei diesen Größenverhältnissen an ihre Grenze, ohne dass nach neuen Lösungsmöglichkeiten gesucht wurde: Pestalozzi blieb das unumgehbare Zentrum der Anstalt, die ohne erkennbare Organisationsstrukturen in allen Fragen auf ihn angewiesen blieb. Unter solchen Bedingungen konnten Konflikte zwischen den Mitarbeitern kaum deeskalativ gelöst werden. Pestalozzis immer wieder angewandtes Mittel, das Institut durch eindringliche Appelle und den Hinweis auf seinen nahen Tod zusammenzuhalten, hatten nur einen kurzzeitigen Effekt, und die Konflikte schwelten, bis es zu diversen Eklats kam, die dem Institut schadeten. Ein erster Bruch in der Erfolgsgeschichte Yverdons zeichnete sich ab, als eine offizielle Untersuchungskommission im November 1809 nach einem fünftägigen site visit zu dem Schluss kam, das Yverdoner Modell eigne sich wohl als Privatanstalt, nicht aber als Modell für die öffentlichen Schulen der Schweiz.

Politische Querelen und die Stationen von Pestalozzis Instituten

Die politischen Unruhen in der Schweiz hielten während der gesamten Zeit der Helvetik an, und Pestalozzi griff insbesondere im Krisenjahr 1802 mehrfach zur Feder, um in bewährter Manier seine Selbstwahrnehmung und die Analyse der politischen Situation aufeinander zu beziehen. In der Schrift *An mein Vaterland*, geschrieben im Herbst 1802, kommen alle Muster seines politisch-pädagogischen Denkens zum Ausdruck. Zuerst wird das Szenario der Auserwählung beschrieben: «Es war mir, wie wenn ein Mann mit starker Hand mich an den Schultern packte, und ich hörte die Worte: Das Vaterland ist noch nicht vollends verloren. Lebe und wage es! Einer muss anfangen. Rede die Wahrheit!» Dann folgt der Zustand der Verzweiflung und Hilflosigkeit: «Es wallte in meinem Busen, es drängte mein Herz, dem Vaterland zu sagen, was sein Heil ist. Aber ich konnte es nicht, ich wusste es nicht, fand keine Worte.» Im Anschluss daran sei er erschöpft in einen Traum gefallen, in welchem nicht zufälligerweise das Bild der Alten Eidgenossen aktiviert wird und in dem der Friedensstifter unter den alten Eidgenossen, Niklaus von der Flüe (1417–1487), der Hauptakteur ist. In einer brennenden Rede erzählt von der Flüe/Pestalozzi den Zuhörern/Lesern von der ursprünglichen Einigkeit der Eidgenossen und der daraus resultierenden politischen Freiheit, aber auch vom Zerfall, der sich durch die allmählich einschleichende Ungleichheit der Bürger ergeben habe – die Analyse ist weitgehend dieselbe wie in der *Freiheitsrede* 1779: «Und als sie ... der Quelle ihres Glücks, der innigsten Vereinigung aller mit allen vergassen, und der Bürger anfing, den Bauern, und der Bauer den Bürger nicht mehr für seinesgleichen, nicht mehr für den Mitstifter seiner Freiheit und seiner Rechte anzusehen», sei der Prozess des Verfalls eingeläutet worden, dessen Tiefpunkt man heute erlebe. (Pestalozzi 1802, PSW XIV, S. 230 ff.) Was es brauche, sei in der Tat eine neue Gesetzgebung, für die Pestalozzi kurz darauf seine Broschüre *Ansichten über die Gegenstände, auf welche die Gesetzgebung Helvetiens ihr Augenmerk vorzüglich zu richten hat* veröffentlichte. Im Zentrum steht, nebst einer guten Gesetzgebung und Verwaltung, einer guten Armee und einem fairen Finanzsystem eine «zweckmäßige Volksbildung», die – ähnlich zum Programm in *Wie Gertrud ihre Kinder lehrt* (1801) – in kognitive, berufliche und moralisch-religiöse Bildung aufgeteilt ist. (PSW XIV, S. 238 ff.)

In Wirklichkeit konnten sich die Schweizer aber nicht einigen, und im Winter 1802/03 wurde eine gewählte Delegation, in welcher auch Pestalozzi Einsitz hatte, von Napoleon nach Paris eingeladen, wo nach heftigen Diskussionen der Kaiser den Schweizern eine *Mediationsverfassung* diktierte, mit welcher teilweise die Rechte des *Ancien Régime* wieder hergestellt wurden. Dieser Entscheid sollte für Pestalozzi insofern Folgen haben, als der Burgdorfer Statthalter der Berner Regierung unbedingt in das Schloss zurückkehren wollte, von dem er 1798 vertrieben worden war. Kein Kompromissvorschlag war ihm genehm, was die Berner Regierung unter Druck setzte, war doch die Anstalt in Burgdorf mittlerweile berühmt geworden. Die Regierung stellte sich zunächst gegen den Wunsch des Statthalters, indem sie einer Einschätzung der negativen Konsequenzen folgte, die der neue Schultheiß Niklaus Rudolf von Wattenwyl (1760–1832) befürchtete. Seine durchaus missmutige Einschätzung macht deutlich, wie groß Pestalozzis Rückhalt in den drei Jahren seiner Burgdorfer Zeit geworden war.

> Zitat
>
> **«Betrachtet man ferner das ganz ausserordentliche Aufsehen, so diese Anstalt in ganz Europa gemacht hat, die wahre Schwärmerei, mit welcher die gelehrte Armee Deutschlands die Vorteile dieses Elementarunterrichts in allen öffentlichen Blättern und Schriften ausposaunt und die Gefahr, mit diesem intoleranten Heer öffentlich in eine Fehde zu treten; erwägt man, dass auch sogar die französischen Gelehrten und Halbgelehrten, Generäle, Minister etc. sich haben einnehmen lassen, so schreibt auch die Staatsklugheit vor, der Fortdauer dieser Anstalt nicht entgegen zu sein.»** (von Wattenwyl 1803, zitiert in Morf 1885, S. 15)

Allein, der Statthalter gab nicht klein bei, und die Berner Regierung musste Pestalozzi wohl oder übel aus dem Schloss weisen, nicht ohne ihm aber eine Alternative im verlassenen Johanniterkloster im nahe gelegenen Münchenbuchsee zu offerieren. Im Sommer 1804 reiste der Tross von Burgdorf ins neue, viel kleinere Domizil, das für Pestalozzi von Anfang an nur eine Zwischenstation sein konnte. Das mag wohl der Grund dafür gewesen sein, dass er sich auf eine Partnerschaft mit dem aus der Neuhof-Zeit bekannten Philipp Emanuel von Fellenberg (1771–1844) einließ, der ebenfalls in der Nähe, in Hofwyl, daran war, eine Erziehungsinstitution einzurichten, die später von Goethe in *Wilhelm Meisters Wanderjahre* als «Pädagogische Provinz» bewundernd beschrieben wird. Die Co-Leitung konnte allerdings unter diesen Umständen kaum funktionieren, zumal Pestalozzi kaum je zugegen war. Er weilte bereits in Yverdon, wo er sich im alten Schloss eine neue Stätte aufbaute, die ihm für über 20 Jahre Bleibe sein sollte und in welcher sein anfänglicher Erfolg und Ruhm durch Niedergang und Zersetzung abgelöst werden sollten.

Wachstum und Erfolg als Managementproblem

Offiziell wurde die Anstalt in Yverdon erst im Herbst 1805 eröffnet, was Pestalozzi die Gelegenheit gegeben hatte, sich weiter publizistisch zu betätigen, wobei erneut das Thema der Armenerziehung beziehungsweise Berufsbildung im Vordergrund stand. Diese pädagogische Praxis konnte er aber in seinem Institut kaum umsetzen, da es dort erstens zunächst um «Elementarbildung» ging und zweitens die Klientel aus immer «besseren» Familien stammte und keine Berufsbildung im Sinne einer Erziehung der Minderprivilegierten benötigte. Seine Pläne und Reflexionen *Zweck und Plan einer Armen-Erziehungs-Anstalt, Aufruf für die Armenanstalt, Über Volksbildung und Industrie, Ein Gespräch über Volksaufklärung und Volksbildung*, alle 1805 und 1806 geschrieben, blieben (vorerst) «Theorie» und damit unerfüllte Hoffnung. (PSW XVIII)

Umgekehrt stieg das Interesse der umliegenden, zunächst der nördlichen Nationen sowie von Familien, die ihren Kindern eine möglichst gute Bildung ermöglichen wollten und sich diese von Pestalozzis Anstalt versprachen. Der Erfolg in den ersten Yverdoner Jahren lässt sich sehr gut anhand der Zahlen veranschaulichen: 1805 waren nur etwa 20 Zöglinge im Institut, 1806/07 schon 80, und ein Jahr später waren es 134, 1809, wiederum ein Jahr später, dem vorläufigen Höhepunkt, 165. Entsprechend stieg die Zahl der Lehrer. Waren es 1807 20, so stieg die Zahl innerhalb von zwei Jahren um über 50 Prozent auf 31, die Eleven, deren Zahl starken Schwankungen zwischen zehn und 30 ausgesetzt war, nicht eingerechnet. 1809 waren also über 200 Personen im schmucken Schloss zu Yverdon versammelt, mit dem nunmehr 63-jährigen Pestalozzi als «Vater» des Instituts. Insgesamt lassen sich für die 20 Jahre Yverdon (1805–1825) rund 920 Schüler und 335 Lehrer und Hilfslehrer rekonstruieren.

Die große Masse an Menschen und die hohen Erwartungen, die von außen an das Institut herangetragen wurden, sowie die teilweise schwierige Personalführung im Institut führten dazu, dass Pestalozzi selbst kaum Unterricht erteilte. Dennoch nahm der Unterricht die meiste Zeit im Institut ein. Folgt man der Stundentafel aus der frühen Yverdoner Zeit, so hatten die Schüler an sechs Tagen pro Woche je zehn Stunden lang Unterricht, nämlich von morgens sechs bis abends acht Uhr, unterbrochen durch eine zweistündige Mittagspause, die einen Spaziergang umfasste. Eine quantitative Auswertung dieser Stundentafel im Hinblick auf die angebotenen Unterrichtsfächer über alle sechs Klassen mit ihren 60-Stunden-Wochen ergibt folgendes Bild:

- Sprachen (Deutsch, Französisch, in der sechsten Klasse Latein) 45 %
- Rechnen und Geometrie 25 %
- Singen/Zeichnen 15 %
- Religion 6 %
- Geografie 5 %
- Geschichte 2 %
- Naturgeschichte 1 %

Der Unterricht dominierte also das Institutsleben, er war in einzelne Fächer unterteilt, die in klar definierten Zeiteinheiten unterrichtet wurden, und die Schüler waren in Klassen eingeteilt, wobei die Klassenwahl je nach individueller Leistungsfähigkeit und Fach getroffen wurde. Die Daten zeigen, dass sich die umfassende «Menschenbildung», die propagiert worden war, als relativ «normaler» Stundenplan entpuppt, der allerdings ergänzt wurde durch regelmäßige moralisch-religiöse Ansprachen Pestalozzis an Schüler *und* Lehrer. Der physischen Bildung wurde in den täglichen Spaziergängen sowie durch ein eigenes Institutsbataillon, in welchem nach republikanischer Milizmanier exerziert wurde, Rechnung getragen. Die Fahne dieses Kadettenbataillons gibt Aufschluss über die von Pestalozzi immer wieder propagierte Einheit, die sich im Institutsleben als *Corporate Identity* mit Pestalozzi als exklusiver Integrationsfigur ausdrückte. Die Fahne ist emblematisch gestaltet, wobei die *inscriptio* allein aus dem Wort «Pestalozzi» besteht und die *pictura* Winkelried, den Helden der Schlacht bei Sempach von 1368, zeigt, der den Eidgenossen den Sieg ermöglichte, indem er sich märtyrerhaft in die feindlichen habsburgischen Langspeere warf und so den Tod fand. Die *subscriptio* «in amore virtus» stellt auf einer ersten Ebene den Zusammenhang zum republikanischen Bürgerideal her, auf einer weiteren Ebene lässt das Emblem die (republikanische) Linie Winkelried–Pestalozzi erkennen, was eine Rettung durch Aufopferung andeutet.

Fahne des Institutbataillons

Entsprechend fiel die Personalführung aus. Probleme unter den Mitarbeitern im Institut wurden als Zweifel am Institut und damit ihres Leiters taxiert. Die Reaktionen Pestalozzis schreckten dabei auch vor grotesken Inszenierungen nicht zurück. So trat er etwa am Neujahrstag 1808 mit einem Sarg und dem Totenkopf einer angeblich kurz zuvor verstorbenen Freundin vor versammelte Schüler- und Belegschaft und sagte: «Seht hier ihren Schädel … Seht hier meinen Sarg. Was bleibt mir übrig? Die Hoffnung meines Grabes. Mein Herz ist zerrissen. Ich bin nicht mehr, was ich gestern war. Ich habe die Liebe nicht mehr, die ich gestern genossen. Ich habe das Vertrauen nicht mehr, das ich gestern genossen. Ich habe die Hoffnung nicht mehr, die ich gestern hatte. Was soll ich mehr leben?» (PSW XXI, S. 3) Pestalozzi lebte weiter, und zwar noch über 17 Jahre, aber er schaffte es mit diesen Mitteln auf die Dauer nicht, das Institut zusammenzuhalten. Dies war umso mehr nicht zu leisten, als 1810 ein *Bericht über die Pestalozzische Erziehungs-Anstalt zu Yverdon* veröffentlicht wurde, welcher der Illusion der Unternehmung, Modell für eine moderne öffentliche Volksschule zu sein, ein abruptes Ende setzte. Der Misserfolg verstärkte die Spannungen im Institut und leitete einen langsamen, durchaus Schwankungen unterworfenen Zerfallsprozess ein, der erst 1825 endete.

Der *Bericht über die Pestalozzische Erziehungs-Anstalt zu Yverdon* von 1810

Die großen Erfolge, die Pestalozzi in den ersten Jahren in Yverdon erleben durfte, bestärkten seine Einstellung, dass nur über eine neue Pädagogik die Menschen zum politischen und sozialen Frieden gebracht werden könnten. Und er zweifelte wenig daran, dass sich diese neue Pädagogik in seiner «Methode» ausdrückte. Die flächendeckende Verbreitung der «Methode» lag daher durchaus in seinem Interesse, und sie fand unter gewissen Einschränkungen partiell auch statt. Doch stellte sich vielerorts Ernüchterung ein, wie etwa in Dänemark, als nach kurzer Zeit des Experimentierens mit Pestalozzis «Methode» neue Modelle ausprobiert wurden. Ein zentrales Problem war, dass wohl die «Methode» transferiert werden konnte, die mehr versprach, als sie halten konnte, nicht aber «die Seele» der Institute in Burgdorf und Yverdon, nämlich Pestalozzis Charisma.

Parallel zu den ausländischen Aktivitäten bemühte sich Pestalozzi (erneut) um staatliche Unterstützung seiner Pädagogik in der Schweiz.

Im Sommer 1809 unterbreitete er dem damaligen Landammann der Eidgenossenschaft den Vorschlag, die eidgenössische Tagsatzung – eine Art Parlament der äußerst eigenständigen Kantone – möge sein Institut prüfen beziehungsweise öffentlich bekunden, dass die «Methode» von Vorteil für das Vaterland sei. Ergänzend zu dieser republikanisch-patriotischen Rhetorik folgte kurz darauf ein zweites Schreiben, in dem Pestalozzi biografisch auf den schwierigen «Gang meines Lebens» verweist und darlegt, dass eine Prüfung der Anstalt nur dann sinnvoll sei, wenn man den «Umfang», die «Tiefe» sowie die «Mittel» der Methode kenne. (PSW XXI) In seinem Eifer für die Sache und seiner Skepsis, die Examinatoren könnten die «Methode» nicht vollkommen erfassen, versuchte Pestalozzi, die Tagsatzung in ihren Evaluationsbemühungen mit zwei Beilagen zu «unterstützen». Die erste enthielt 37 Fragen, und zwar an die «Methode» sowie an das Institut, während die zweite Beilage in einer Liste von möglichen Experten, die diese Prüfung durchführen könnten, bestand – alle im weitesten Sinne Pestalozzianer. Die drei von der Tagsatzung ausgewählten Examinatoren waren zwar nicht auf der Liste Pestalozzis, können aber mit Fug und Recht als Sympathisanten bezeichnet werden. Sie erhielten den Auftrag, in einer umfassenden Schrift zunächst die Anstalt darzustellen, dann den Vorzug der «Methode» zu erläutern, drittens den «Wert des Institutes» einzuschätzen und viertens die «Brauchbarkeit des Institutes» zu beurteilen. Der über 200 Seiten umfassende Bericht, entstanden auf der Basis eines fünftägigen *site visit*, ist in sehr sachlichem Ton gehalten und nicht ohne Wohlwollen für Pestalozzi.

Er betont aber gleich zu Beginn den «insularischen» Charakter des Instituts, der unter den Angehörigen eine «eigene Sprache» hervorgebracht habe, die sich Außenstehenden teilweise verschließe. Vor diesem Hintergrund erkennt der Bericht an die Tagsatzung die Einzigartigkeit der Institution an, stuft sie aber *nicht* als nachahmbares Vorbild ein. Er kommt daher zum Schluss, dass Pestalozzis Institut keinen Modellcharakter für die öffentlichen Schulen besitze, weil es

- als Institut familialen Charakter habe,
- einen seiner (eher wohlhabenden) Klientel entsprechenden Unterricht anbiete (der in dieser Weise kaum an normalen Schulen zu realisieren sei),
- ein wenig überzeugendes Curriculum habe sowie
- eine *nicht* einsichtige Verbindung der Unterrichtsfächer mit der Methode behaupte.

Diverse kleinere Anerkennungen blieben im Bericht zwar nicht aus, doch Pestalozzis Ansinnen, seine «Methode» durch politische Unterstützung auf das öffentliche Schulwesen der Schweiz (und später Europa) zu übertragen, wurde vom Tagsatzungsbericht zurückgewiesen: «Das Institut hat es überhaupt nicht darauf angelegt, mit unsern öffentlichen Schulen in Harmonie zu kommen … Das Institut schreitet auf seinem Wege fort, die öffentlichen Anstalten verfolgen den ihrigen, und es ist keine Wahrscheinlichkeit vorhanden, dass beide so bald zusammentreffen werden.» (Girard 1810, S. 215)

Dass der Unterricht im Institut, wie zahlreiche andere Berichte bescheinigen, funktionierte, dass die Kinder lernten, dass sie auch «motiviert» waren, verweist allerdings weniger auf die Stringenz *der* «Methode», sondern auf ein Konglomerat von historischen Umständen, die den Rahmen des Instituts bildeten und dieses in seiner Erscheinungsweise erst möglich machten. Entscheidend waren vorwiegend *mentale* Prozesse, die sich insbesondere auf die Motivation der Lehrkräfte auswirkten. Pestalozzis charismatische Art und seine Rhetorik konnten darauf bauen, dass Europa begonnen hatte, die Kriegsprävention in einer verbesserten Erziehung zu sehen und die je eigene Nation über ein neues Schulsystem stabilisieren zu wollen, sowie den Umstand, dass die mediale Öffentlichkeit in Yverdon Leistungen gerade der Lehrer erzeugte, die unter «normalen» Umständen nicht erwartbar waren. Die Lehrer unterrichteten meist um die 50 Stunden in der Woche und waren überdies permanent mit Betreuungsaufgaben beschäftigt; sie mussten sogar nachts in den Sälen der Schüler schlafen, um Aufsicht halten zu können. Es ist kein Zufall, dass im Zusammenhang mit diversen heftigen Streitereien nach 1810, also nach der Veröffentlichung des Inspektionsberichts, Überlastungen der Lehrer erkennbar wurden, die der Kultur des Instituts weiter schadeten. Die ausgebrochenen Streitigkeiten konnten nach dem öffentlichen Misserfolg des Instituts auch nicht mehr durch Pestalozzis Charisma in Schach gehalten werden und wurden zum Nachteil des Instituts öffentlich ausgetragen, was den endgültigen Zerfallsprozess einläutete. Die Zahlen dieses faktischen Einbruchs sind eindrücklich. Im Jahre der Eingabe des Gesuchs um öffentliche Prüfung (1809) lebten 165 Schüler sowie 63 Lehrer und Praktikanten im Institut. 1811, ein Jahr nach Veröffentlichung des Berichts, waren es noch 83 Schüler sowie 41 Lehrer und Praktikanten. Die Konsumenten auf dem freien Markt von Schulanbietern jener Zeit hatten schnell gehandelt.

Literatur

Gonon, Philipp (2005): Pestalozzis soziales Erziehungsprogramm zwischen ökonomischem Patriotismus und familiärer Vergemeinschaftung. In: Gonon, Philipp (Hg.): Johann Heinrich Pestalozzi: Sozialpädagogische Schriften II. Arbeit und Industrie nach 1800. Zürich: Pestalozzianum, S. 7–29

Stadler, Peter (1993): Pestalozzi. Geschichtliche Biographie. Band 2. Von der Umwälzung zur Restauration. Zürich: NZZ, S. 99–353

Tröhler, Daniel (2005): Charisma, *grammar of schooling* und Steuerungsprobleme des Bildungssystems. Pestalozzi und sein Institut in Yverdon. In: Göhlich, Michael, Hopf, Caroline & Sausele, Ines (Hg.): Pädagogische Organisationsforschung. Wiesbaden: VS-Verlag, S. 61–75

Das politische Testament des Pädagogen und seine Mission

Der Schock, den der skeptische Bericht über die Pestalozzische Erziehungs-Anstalt zu Yverdon 1810 in Pestalozzis Institut auslöste, leitete den langsamen Niedergang ein, der allerdings damals kaum als solcher erkennbar war. Die Schülerzahlen sanken zwar, und das Interesse der ersten Nationen, die Eleven geschickt hatten, schwand, aber es fanden sich immer neue private und offizielle Vertreter von Staaten in Yverdon ein: Spanien, Frankreich, Österreich, Ungarn, einige süddeutsche Staaten, später England und Irland, die um 1820 einen zweiten, wenn auch kleineren Boom in Yverdon auslösten. Pestalozzis Überzeugung von der Notwendigkeit seiner «Methode» blieb auch durch die großen Krisen, welche Mitarbeiterquerelen und finanzielle Engpässe auslösten, hindurch konstant. Als Europa nach den Niederlagen Napoleons vor einer Neuordnung stand, brachen auch in der Schweiz die alten Gräben zwischen Reformern und Anhängern der alten Ordnung wieder auf, sodass ein Bürgerkrieg drohte. Pestalozzi nahm diese Spannungen zum Anlass, 1815 eine umfassende Analyse zu schreiben, die in der Forschung zu Recht als «politisches Testament» gilt. In ihr kommen Pestalozzis republikanische Anliegen in einer pädagogisierten Variante wieder deutlicher zum Vorschein als in allen anderen Schriften seit seiner Burgdorfer Zeit. Als ob er durch diese Reflexionen wieder an seine alte Vision erinnert worden wäre, gründete Pestalozzi drei Jahre später in Clindy, in unmittelbarer Nähe von Yverdon, eine Armenerziehungsanstalt, die allerdings ungenügend finanziert war, bald geschlossen werden musste und so zum weiteren Niedergang des Instituts beitrug.

Unruhige Jahre im Institut

Die Publikation des *Berichts über die Pestalozzische Erziehungs-Anstalt zu Yverdon* (1810) war nicht Ursache für die inneren Spannungen im Institut in Yverdon, sondern bloß deren Auslöser. Hatten im Vorfeld der unbestreitbar große Erfolg und Pestalozzis Autorität persönliche Differenzen und organisatorische Mängel verdecken können, zeigten sich dieselben plötzlich unverblümt. Die Krise kann am Beispiel zweier Mitarbeiter Pestalozzis dargestellt werden, die unterschiedlicher nicht sein konnten und um die Gunst des Meisters buhlten. Sie hatten um sich herum unterschiedliche Allianzen geschaffen, um mehr Einfluss auf die schwache Führung des Instituts ausüben zu können. Die eine Person war der bereits erwähnte, aus dem Appenzell stammende Theologe Johannes Niederer (1779–1843), der sich Pestalozzi 1803 noch in Burgdorf angeschlossen und sich zum Ziel gesetzt hatte, Pestalozzis «Methode» durch die Philosophie des deutschen Idealismus zu untermauern. Die andere Person war der aus dem Vorarlberg stammende Joseph Schmid (1785–1851), der 1801 als Schüler in Burgdorf eintrat und eine eindrückliche innerinstitutionelle Karriere durchlief, die ihn über seine Rolle als Mathematiklehrer am Ende zum wichtigsten Mitarbeiter Pestalozzis machen sollte.

Die Spannungen zwischen den beiden Exponenten waren natürlich auch persönlicher Art, aber der Konflikt konnte nur deshalb eskalieren, weil die Entwicklung der «Methode» hinter den öffentlichen Versprechungen blieb und weil das Institut keine effiziente Organisationsform entwickelt hatte. Für beide Schwächen fanden sich mit Niederer und Schmid zwei Personen, die sich berufen fühlten, die einschlägigen Probleme zu lösen. Niederer war es, der versuchte, die Öffentlichkeit durch die Ausarbeitung einer «Philosophie der Methode» weiter zu überzeugen, der dabei allerdings kaum zur Entwicklung des Unterrichts beitrug. Zusammen mit Pestalozzi gab er 1807 bis 1811 die *Wochenschrift für Menschenbildung* heraus – in ihr findet sich auch der erste Abdruck des berühmten *Stanser Briefs* –, wobei Niederer federführend war und sich auch nicht scheute, Pestalozzis Texte mit Kommentaren zu versehen. Niederer war es auch, der in die im Anschluss an den *Bericht über die Pestalozzische Erziehungs-Anstalt zu Yverdon* ausgelösten öffentlichen Polemiken eingriff und 1811 die ungemein scharfe Schrift *Das Pestalozzische Institut an das Publikum. Eine Schutzschrift* veröffentlichte, mit welcher er Pestalozzi, das Institut und sich selbst zu verteidigen suchte und damit dem Streit nur noch neue Nahrung gab.

Zu diesem Zeitpunkt war Joseph Schmid, der Kontrahent Niederers, schon nicht mehr in Yverdon. Er hatte im Kollegium ohne Mandat eine organisatorische Führungsrolle übernommen, die das Institut zwar nötig hatte, die aber nicht von allen Mitgliedern geschätzt wurde. Schmid war es auch gewesen, der im Vorfeld davor gewarnt hatte, das Institut durch die Tagsatzung beurteilen zu lassen, weil er erkannt hatte, wie groß die Differenz zwischen öffentlicher Propaganda und pädagogischem Alltag war. Seine realistische Einschätzung, aber auch sein offenbar wenig charismatisches, sprödes und herrisches Wesen machten ihn bei vielen Bewohnern des Instituts nicht beliebter, sodass er im Mai 1810 Yverdon verließ und Schulvorsteher in Bregenz wurde. Kurz zuvor hatte er sein dreibändiges Mathematiklehrbuch veröffentlicht, das seinem Meister huldigte und dessen Erfolg den Namen des Instituts weiter propagierte, und zwar auf der konkreten Ebene des Unterrichts: *Die Elemente der Form und Grösse (gewöhnlich Geometrie genannt), nach Pestalozzis Grundsätzen bearbeitet.*

Die Jahre ohne Schmid sollten allerdings deutlich machen, dass das Institut einer strafferen Organisation bedurfte, die sich insbesondere auch um die Finanzen sorgte. Nach langen Diskussionen kehrte Schmid 1815 nach Yverdon zurück, in dem Jahr, als der Tod seiner Frau Anna (11. Dezember) Pestalozzis Optimismus arg dämpfte. Dennoch gelang es Schmid, den Betrieb besser zu organisieren. Aber seine Rückkehr hatte ihn in seiner herrischen Art so gestärkt, dass gar von einem «Korporalsgeist» die Rede war. Hermann Krüsi (1775–1844), einer der verdientesten Mitarbeiter Pestalozzis, der seinerzeit mit den Ostschweizer Kindern vor den Kriegswirren 1800 geflüchtet und nach Burgdorf gezogen war und seither für Pestalozzi gearbeitet hatte, verließ mit 15 anderen Lehrern das Institut und gründete in Yverdon eine eigene Anstalt. Pfingsten 1817 kam es gar zum Eklat. Niederer hatte seine Predigt in der Kirche von Yverdon dazu benutzt, mit Pestalozzi und seinem Institut öffentlich zu brechen. Pikant war, dass auch er nicht aus Yverdon wegzog, sondern ins unmittelbar neben dem Institut gelegene «Töchterinstitut» wechselte, das Pestalozzi kurz nach seiner Ankunft in Yverdon gegründet hatte und das 1813 Rosette Kasthofer (1779–1857), der erfolgreichen Leiterin, mit der Niederer seit 1814 verheiratet war, übertragen worden war. Fortan sollten in Yverdon auf engstem Raum drei Institute existieren, was die Konflikte nicht eben entschärfte. Es wurde prozessiert und öffentlich gestritten, sodass es 1824 zur Ausweisung Schmids aus Yverdon kam, was dem bereits maroden Institut den Todesstoß versetzen sollte.

An die Unschuld, den Ernst und den Edelmut (1815)

Sosehr Pestalozzi die innerinstitutionellen Probleme auch beschäftigten, sie waren nicht die einzigen Schwierigkeiten, denen er sich zu stellen hatte. Für sein Werk weit fruchtbarer sollten sich die großeuropäischen Spannungen auswirken, die mit den militärischen Niederlagen Napoleons und dem Wiener Kongress (Oktober 1814 bis Juni 1815) greifbar geworden waren. Europa stand vor der Frage, ob es wieder in die alte Ordnung zurückkehren oder einen Aufbruch wagen sollte, und es stellte sich das Problem, wie die nationalen Grenzen gezogen werden sollten. Der Schweiz, die noch immer sehr zerstritten war, drohte die Zweiteilung; der Osten sollte an Österreich und der Westen an Frankreich gehen. Im Kontext dieser Wirren reaktivierte sich die politische Sozialisation in Pestalozzis Jugendzeit und veranlasste ihn, einen großen Kommentar zu den Ereignissen zu schreiben, der noch 1815 erschien: *An die Unschuld, den Ernst und den Edelmut meines Zeitalters und meines Vaterlandes. Ein Wort zur Zeit*.

Es sollte Pestalozzis letztes großes Wort zur Rolle der Pädagogik hinsichtlich der Wiederherstellung der Tugendrepublik sein. Er hatte für seinen Kommentar eine Vorrede als «Bürger von Zürich» gedruckt, diese aber nicht mit dem Text veröffentlicht. In ihr kommt seine Bevorzugung des brüderlich-kommunalen Gemeinschaftslebens ebenso zum Ausdruck wie seine Präferenz für die Republik – zumindest was die Schweiz betrifft. Er wiederholt darin, dass die gegenwärtigen Probleme als Resultat langer historischer Prozesse zu verstehen und nicht in der Französischen Revolution begründet seien und dass die Probleme im Inneren der Natur des Menschen ein Gegenmittel finden könnten, wenn diese durch Erziehung gestärkt würde. Zudem verteidigt er seine streitenden Mitbürger, deren unüberlegte und gehässige Äußerungen über die Zukunft der Schweiz Resultat äußerlicher Manipulation seien und keineswegs Ergebnis einer vollständigen inneren Korruption. Pestalozzi gibt sich – unbescheiden genug – überzeugt, dass die Sieger über Napoleon ihre Überlegenheit den Anstrengungen auf dem Gebiet der Erziehung verdankten, wobei Pestalozzi nicht ohne Stolz die Kontakte der europäischen Königshäuser zu Yverdon erwähnt.

Nach dieser Ouvertüre kommt der Autor auf den Hauptzweck der Politik zu sprechen, der sich beim nunmehr 68-jährigen Pestalozzi nur wenig von den Idealen des 34-jährigen Pestalozzi unterscheidet – als ob dazwischen weder die Amerikanische, Französische noch Helvetische Revolution gelegen hätte. Pestalozzi bleibt dabei, dass die Politik vor allem die einzelnen Haushalte schützen müsse, wobei dieses Ideal prinzipiell auch in Monarchien umsetzbar sei. Als Beispiel hierfür gilt Pestalozzi Maria Theresia (1717–1780), die Mutter des in den 1780er-Jahren von Pestalozzi verehrten Joseph II., die in Ungarns größter Not gewusst habe, wie die Nation zu einen sei, und damit eine politische Realität geschaffen habe, die in nichts hinter jener von gut eingerichteten Republiken zurückgestanden habe. Damit konnte Pestalozzi auf die Schweiz und insbesondere auf Zürich zu sprechen kommen. Zürich wird aufgerufen, sich wieder auf die «innere und äussere Gemeinschaft» mit dem Landvolk zu besinnen, wobei das einzige Mittel dazu die Erziehung sein könne: «Der Anfang und das Ende meiner Politik ist Erziehung.»

Zitat

In diesem Zusammenhang deklariert sich Pestalozzi selbst als Republikaner im Sinne der Tugendrepublik: «Ich sage noch mehr – ich bin ein Republikaner, aber nicht ein Republikaner für große Nationen. Ich bin ein Republikaner für kleine, aber edelmütig republikanisch organisierte Stadt- und Landgemeinden; und von diesen sage ich: Das Heiligtum der souveränen Macht kann sich in denselben zu einer Höhe erheben, deren psychologisch auf die Veredlung der Individuen einwirkender Segenseinfluss in der ausgedehnten Größe einer Monarchie nicht erreichbar ist.» (PSW XXIVA, S. 10)

Der Schlüssel zur edlen Tugendrepublik liege auf der einen Seite in der Politik, die als *Conditio sine qua non* Rechtsverhältnisse schaffe, die es ihrerseits ermöglichen, dass die Menschen ein wirtschaftlich gesichertes Einkommen haben und dass sich untereinander nicht zu große soziale Unterschiede entwickeln. Durch den berufstätigen Vater ökonomisch gut versorgt, könne sich in der «Wohnstube» ein Vertrauensverhältnis insbesondere zwischen Mutter und Kind ausbilden, in welchem sich Letzteres natürlich entwickle und zur religiös geprägten Tugend heranreife. Erst einmal erwachsen, werde das Kind ein brüderliches Verständnis des Verhältnisses zu seinen Mitbürgern haben und auf dieser Basis dazu beitragen, die Tugendrepublik in neue Höhen zu führen. Ein Institutsleben, wie es Pestalozzi in Yverdon selbst organisierte, kommt in dieser Vision einer pädagogischen Erneuerung der Republik interessanterweise nicht vor. Das Institut war in seiner Vision zu einer Stätte der Erforschung wahrer Pädagogik zum Wohle der Mütter und ihrer Kinder geworden und war offenbar nicht mehr das Vorbild öffentlicher Schulen, wie das Pestalozzi noch 1809 gedacht hatte. Die zur Erneuerung der

Tugendrepublik notwendige Pädagogik beginnt zu Hause und hat dort ihren größten Einfluss, der von der Schule nicht fundamental verändert werden könne. In ihrem Zentrum stehen nicht ausgebildete Lehrer, sondern durch die «Methode» ermunterte und angeleitete Mütter.

Die neue Armenerziehungsanstalt

Nach den diversen Austritten altgedienter Mitarbeiter und Lehrer war Joseph Schmid die tragende Figur im Institut. Zur Lösung der finanziellen Krise schaffte er es, mit dem berühmten Stuttgarter Verlag Cotta einen Vertrag auszuhandeln, der Pestalozzi für die Publikation seiner *Sämtlichen Schriften* die ansehnliche Summe von 50 000 Franken überschrieb. Die Ausgabe erschien in 15 Bänden in den Jahren 1819 bis 1826. Das Geld benutzte Pestalozzi aber nicht zur Sanierung seines Instituts, sondern – sehr zum Ärgernis Schmids – zur Gründung einer Armenerziehungsanstalt, eines Projekts, das Pestalozzi in den zehn Jahren zuvor eher wenig beschäftigt hatte. Die Ausbildung der Armen zur Sicherung ihres Lebensunterhalts war und blieb die republikanische Hauptpflicht der Privilegierten, weil sich nur auf dieser Grundlage über die Erziehung Tugend bilden konnte.

Im September 1818 eröffnete der mittlerweile 72-jährige Pestalozzi im nur wenige Gehminuten von Yverdon entfernten Clindy eine Anstalt mit zwölf Kindern, die entweder verwaist oder von ihren Familien verstoßen worden waren. Als ob er ein schlechtes Gewissen wegen seiner langjährigen Abstinenz in der Armenerziehung gehabt hätte, engagierte sich Pestalozzi in diesem übersichtlichen Haus, dessen Organisationsanforderungen ihm viel mehr entgegenkamen als das große Institut. Nach nur wenigen Monaten war die Anstalt in Clindy auf etwa 30 Kinder angewachsen. Unter dem Einfluss Schmids entwickelte diese sich aber nicht in Richtung handwerklicher oder frühindustrieller Berufsbildung, sondern etablierte sich als Ort der Lehrerbildung für Landschulen. Die Zöglinge sollten als gebildete Arme dazu ausgebildet werden, als Landschullehrer selbst Arme zu erziehen und zu bilden. Die Pädagogisierung der Bewältigung der sozialen Ungerechtigkeiten in der verdorbenen Republik hatte damit einen Höhepunkt erreicht, der Pestalozzi glücklich machte. Seinem alten Freund Nicolovius schrieb er 1919: «Mein Werk ist gerettet. Gott hat es gerettet. Es blüht in meiner Armenanstalt mit einer Kraft und mit einer Sicherheit auf, die mir jede Stunde meines jetzigen Lebens zum heitersten Segen machen.» Dabei lobt er das uneigennützige

Engagement Schmids und dessen Schwester Katharina (1799–1853), die 1822 Pestalozzis Enkel Gottlieb (1797–1863) heiraten sollte. «Ich bin glücklich. So unglücklich als ich vorher war, so glücklich bin ich jetzt.» (PSB XI, S. 311)

Die finanziellen Probleme blieben aber weiterhin bestehen. Schmid überzeugte Pestalozzi, die Armenanstalt in Clindy in das Institut in Yverdon zu verlegen, sodass ab 1819 im Schloss im Grunde genommen zwei parallele Anstalten existierten. Genau in dieser Zeit stieg das britische Interesse an Pestalozzis «Methode», womit sich in Yverdon eine eigentliche «englische Kolonie» bildete, für die sogar ein eigenes Hotel gebaut wurde. Unter den wichtigsten Vermittlern waren der gescheiterte Kaufmann und spätere Frühsozialist James Pierpont Greaves (1777–1842), der von 1818 bis 1822 selbst Lehrer im Institut war, sowie der englische Theologe Charles Mayo (1792–1846), der von 1819 bis 1822 die englische Kolonie in Yverdon leitete. Die Engländer führten das Institut in Yverdon zu einem letzten, wenn auch kleinen Höhepunkt im Zuge des langsamen Niedergangs, der schon 1810 eingesetzt hatte. Sie sorgten allerdings nicht nur für die Entlastung des Instituts in finanzieller Hinsicht, sondern in einem gewissen Sinne auch für neue Probleme, da die Engländer aus «besseren Häusern» stammten und für die Ausbildung zu bezahlen hatten, während die Kinder aus Clindy verständlicherweise nichts bezahlen mussten. Die Maßnahme, die Pestalozzi traf, um die Kinder der reichen Familien zu beruhigen, nämlich die armen Kinder für ihren Aufenthalt arbeiten und zum Teil die Kinder vermögender Familien bedienen zu lassen, mehrte die Spannungen nur noch. Die Kinder armer Familien, die die Einwohner der reichen Familien zu bedienen hatten, verstanden ihre untergeordnete Rolle im Rahmen des Institutslebens verständlicherweise nur schlecht.

Es sollte sich zeigen, dass die große politisch-soziale Vision einer Republik mit relativ geringen sozialen Unterschieden und brüderlich-freundschaftlich verkehrenden Bürgern unter einem Dach selbst in Yverdon schwierig zu bewerkstelligen war. Die unterschiedlichen Bildungsbedürfnisse der Kinder aus den verschiedenen «Klassen» und das schwierige soziale Zusammenleben der Kinder im Institut trugen dazu bei, dem durch einen öffentlich geführten Streit zwischen den ehemaligen Mitarbeitern und Pestalozzi und einen langwierigen Rechtsprozess des Instituts mit Niederers Töchteranstalt ohnehin geschwächten Ansehen von Pestalozzis Unternehmen weiter zu schaden. Dass der über 75-jährige Leiter selbst immer sturer wurde und blindlings seinem Mitarbeiter Schmid vertraute, entspannte die Lage in Yverdon auch nicht gerade. Selbst wenn der Prozess von Pestalozzi gewonnen wurde – das Institut stand nach der Abreise der Briten aus Yverdon 1822/23 vor dem Zusammenbruch.

Literatur

Korte, Petra (2006): Pestalozzis Mutterbild im Werkkontext und im Zusammenhang des Weiblichkeitsdiskurses um 1800. In: Korte, Petra (Hg.): Johann Heinrich Pestalozzi. Schriften zur Mütterlichkeit und Erziehung. Zürich: Pestalozzianum, S. 7–42

Stadler, Peter (1993): Pestalozzi. Geschichtliche Biographie. Band 2. Von der Umwälzung zur Restauration. Zürich: NZZ, S. 415–540

Tröhler, Daniel (2006): Republikanismus und Pädagogik. Pestalozzi im historischen Kontext. Bad Heilbrunn: Klinkhardt, S. 461–481

10

Unbeirrbarkeit, Niedergang und beginnender Kult

Europa nach 1820 ist durch konservative Ideale geprägt, die sich stark von Pestalozzis politisch-pädagogischen Visionen unterschieden und entsprechend weniger Nachfrage nach der «Methode» erzeugten. Zudem war Pestalozzis persönliche Situation von den Querelen bestimmt, welche das Leben im kleinen Städtchen Yverdon auf eine Art vergifteten, dass an eine Weiterführung des mittlerweile nur noch mit wenigen Schülern bevölkerten Instituts kaum mehr zu denken war, zumal Pestalozzi auch schon über 75 Jahre alt war. Ein Entscheid der obersten Verwaltung, sein Mitarbeiter Joseph Schmid müsse den Kanton Waadt verlassen, ließ Pestalozzi 1825 das Institut schließen und auf seinen Neuhof zurückkehren. Dort wollte er sich aber nicht einfach niederlassen, sondern – erneut – ein Erziehungsinstitut für arme Kinder eröffnen. Zu diesem Zweck baute er neben seinem Gutshof ein neues Gebäude, in welchem die Kinder untergebracht werden sollten. Die Kräfte sollten allerdings nicht mehr reichen. Pestalozzi starb am 17. Februar 1827 bei seinem Arzt im nahe gelegenen Städtchen Brugg. Über Pestalozzis Tod wurde in der Öffentlichkeit gemessen an seinem früheren Ruhm eher wenig berichtet. Umso erstaunlicher ist es, dass fast 20 Jahre später, zu seinem 100. Geburtstag (1846), eine Besinnung auf Pestalozzi als einer im Feld der Erziehung engagierten Person, nicht als «Methodiker», einsetzte, die weit über 100 Jahre lang anhielt. Die Produktion von Literatur zu und über Pestalozzi nahm ungeahnte Ausmaße an, sie war teilweise von blinder Verehrung geprägt, die nur schwer erklärbar, aber ein Indiz dafür ist, wie stark Pestalozzi die Vorstellungen über die Rolle der Erziehung und Bildung in den modernen Nationen mitgeprägt hat.

Der endgültige Zusammenbruch des Instituts in Yverdon

Mit der Niederlage Napoleons und dem Wiener Kongress war in Europa ein Zeitalter angebrochen, das von dem Juristen Karl Ludwig von Haller (1768–1854), einem prominenten Gegner Pestalozzis, als «Restauration» betitelt wurde. Diese Restauration nahm nach 1820 immer stärker konservative und starre Formen an, und Pestalozzis republikanische Vision ökonomisch gesicherter Familien war dem nun angezeigten Zeitgeist eher fremd, sodass kaum mehr eine ausländische «Nachfrage» nach seiner Pädagogik bestand, die als Schulpädagogik ohnehin mehr versprochen als je gehalten hatte. Der stetig sinkende Erfolg erhöhte den Druck auf das Institut massiv, das mit einem immer herrischer auftretenden Joseph Schmid ständig zerstrittener wurde – zumal Pestalozzi im hohen Alter zur Führung faktisch nicht mehr in der Lage war. Alle Versuche damaliger Sympathisanten, Schmid aus dem Kollegium zu entfernen, scheiterten am Veto Pestalozzis, dem Schmid gegenüber Hörigkeit attestiert wurde. Von den gut gemeinten Ratschlägen seiner Freunde zusätzlich unter Druck gesetzt, isolierte sich Pestalozzi zusehends von der Außenwelt und entwickelte eine sture Trotzhaltung gegenüber allem, was ihn und Schmid nur irgendwie infrage stellte.

Die Berichte der noch wenigen Eleven waren denn auch von großer Skepsis geprägt und führten – gerade im Fall Preußens – zum endgültigen Abflauen des Austauschs, obgleich dort mit Georg Heinrich Ludwig Nicolovius (1767–1839) ein ehemals enger Freund Pestalozzis Sektionschef für Kultus war. Der finanzielle Einbruch, der dem Abgang der preußischen Eleven und der englischen Kolonie um 1822 folgte, war neben den internen Spannungen nur ein weiteres Problem, dem sich Pestalozzi zu stellen hatte. Zusätzlich hatte er sich mit den kantonalen Behörden überworfen, denen er mangelnde Unterstützung seines eigenen Instituts und die ungerechtfertigte Förderung der anderen Institute in Yverdon – jenem von Niederer und jenem von Krüsi – vorwarf, die ja seiner Anstalt entwachsen waren. Die Behörden wirkten zunächst moderierend und führten nicht zum Effekt, den Pestalozzi sich wünschte, nämlich der amtlichen Schließung der beiden Konkurrenzinstitute. Die Spannungen wuchsen an, und Jeremias Meyer (1798–1852), ein ehemaliger Schüler des Instituts, goss mit seinen Publikationen *Wie Herr Joseph Schmid die Pestalozzische Anstalt leitet* (1822) und *Aux amis de Pestalozzi* (1823) weiter Öl ins Feuer, wobei Letztere eine Antwort auf Schmids *Wahrheit und Irrtum in Pestalozzis Lebensschicksalen* war (1822), die ebenfalls polemisiert hatte.

Die große Aufmerksamkeit, welche diese (und weitere) Publikationen erhielten, nötigten den Staatsrat, die kantonale Exekutive, zu handeln. Schmid wurde als Hauptursache der Querelen erkannt und am 6. Oktober 1824 aus dem Gebiet des Kantons Waadt verwiesen. Der Protest Pestalozzis und sein Rückkommensantrag argumentierten mit dem Verdacht der Intrige und der Verschwörung sowie mit der Drohung, er, Pestalozzi, werde den Kanton Waadt mit Schmid verlassen, wenn dieser zu gehen habe: «Je quitte le canton avec lui.» (PSB XIII, S. 183) Pestalozzi wiederholte seine Ansicht gegenüber den Stadtbehörden, verwies auf seinen großen Verdienst für die Stadt und begann damit zu drohen, für all seine finanziellen Aufwendungen, die er gehabt habe, Geld zurückverlangen zu wollen. Als er Anfang des Jahres 1825 Yverdon tatsächlich in Richtung Neuhof verließ, glaubte er, ein Nachfolger könnte seine «Methode» im Schloss weiterentwickeln, aber die Munizipalität der Stadt ließ ihn wissen, dass sein Anspruch auf die Nutzung des Schlosses mit dem Weggang aus Yverdon erloschen sei.

Auf dem Neuhof fand Pestalozzi eine «neue» Familie vor, die ihn noch enger an Schmid band, hatte doch Schmids Schwester Katharina (1799–1853) 1822 Pestalozzis Enkel Gottlieb (1797–1863) geheiratet, die beide auf dem Neuhof lebten und aus deren Ehe Heinrich Karl (1825–1891), der einzige Urenkel Pestalozzis, hervorging. Seine Versuche, Ende 1825 und Anfang 1826 mit seinem Enkel noch einmal im Schloss Yverdon Fuß zu fassen, scheiterten, sodass er sich damit abfand, auf dem Neuhof bleiben zu müssen. Immerhin hatte er am 12. Januar 1826 zu seinem 80. Geburtstag einige Ehrungen erfahren dürfen, die seinem angeschlagenen Selbstwertgefühl gut taten. Das hinderte Pestalozzi allerdings nicht daran, das ungemein eigensinnige Buch *Meine Lebensschicksale als Vorsteher meiner Erziehungsinstitute in Burgdorf und Iferten* (1826) zu publizieren, in welchem er auf eine eigenartige Weise sich selbst als unbeholfenen Naivling darstellt, der erst mit Schmid zur wahren Stärke gekommen sei. Diese überraschende Wende gibt Pestalozzi die Grundlage, in der Verteidigung Schmids zu einem Rundumschlag gegen alle auszuholen, die er als seine Feinde betrachtete. Das Buch sollte im Allgemeinen weniger Empörung als verlegene Betretenheit auslösen, und es besiegelte das bereits gefällte Urteil, dass Pestalozzi nicht mehr wirklich zurechnungsfähig sei. Allerdings sollte es eine Ausnahme geben, eine öffentliche Gegenschrift, die Pestalozzi im Januar 1827 arg zusetzte.

Letzter Neuanfang und Ende auf dem Neuhof

In dieser Zeit weilte Schmid in Frankreich und England, um für seinen Meister neues Terrain zu gewinnen, und Pestalozzi veröffentlichte neben den *Lebensschicksalen* ein weiteres Buch, das frei von Polemiken die Grundlage der «Methode» noch einmal und in einer bemerkenswerten Deutlichkeit erörterte, das aber auch hier wieder nicht ohne breiten biografischen Exkurs auskam. Der Titel der Publikation *Schwanengesang* scheint Pestalozzis nahes Ende anzudeuten. Dessen ungeachtet arbeitete er an der Weiterentwicklung der «Methode», insbesondere an der Vereinfachung des Spracherwerbs, und versuchte mit einer intensiven Korrespondenz sein Netzwerk neu zu beleben. Neben der Publikation der beiden Bücher *Lebensschicksale* und *Schwanengesang* schrieb der 80-jährige Pestalozzi 1826 über 70 Briefe in alle Welt. (PSB XIII)

Die Ausarbeitung und Verbreitung der «Methode» war allerdings nur *eine* Intention Pestalozzis und die Sorge um benachteiligte Menschen die andere. Mitte 1825 entwarf er – 50 Jahre nach seinem ersten Versuch – einen neuen Plan zu einer «Industrieanstalt auf dem Neuhof», in welcher er (wiederum) Ackerbau, Industrie und Erziehung vereinigen wollte, wobei er sich bewusst war, wie er in «[s]einen Jugendjahren» damit gescheitert war (PSB XIII, S. 273–275). Zu diesem Zweck begann Pestalozzi neben seinem Gutshof ein Haus zu erbauen, in welchem er arme Kinder aufzunehmen gedachte, ein Vorhaben, welches nicht mehr umgesetzt werden sollte. Daneben verfolgte er den Plan, eine «Volksbuchhandlung» zu fördern, ein «Volksbuchverlag», wie man heute sagen würde, beraten von «Kennern des Volks» und «von allem Verderben der Volksleselust im Unbrauchbaren und Zerstreuenden gereinigt», sowie eine «Kunstsammlung», die dem Volk die elementaren und notwendigen Einsichten vermitteln und es «zu seiner wahren Volkskultur und seiner wirklichen Humanisierung» führen würde (S. 276) – große Pläne, die sich allesamt nicht mehr verwirklichen ließen.

Zeugnisse attestieren Pestalozzi 1826 eine gute Gesundheit, sodass er damit rechnen konnte, den Neuhof zu einem Zentrum der pädagogischen Volkserneuerung zu machen. Anfang 1827 erschien allerdings ein Buch über ihn, das ihn offenbar äußerst erschütterte. Geschrieben war es vom damals 25-jährigen Württemberger Eduard Biber (1801–1874), der 1823 bis 1825 in Niederers Institut in Yverdon als Lehrer gearbeitet hatte. Die über 300 Seiten umfassende Schrift mit dem Titel *Beitrag zur Biographie Pestalozzi's* reagierte auf Pestalozzis *Lebensschicksale*. Allzu offensichtlich war Biber zum Sprachrohr des Ehepaars Niederer geworden, die in den *Lebensschicksalen* arg beschuldigt worden waren. Biber hatte Einsicht in alle privaten und gerichtlichen Unterlagen und kämpfte *post evento* als Advokat für Niederer. Die Hinwendung Pestalozzis von Niederer zu Schmid wird als Verrat dargestellt, der in Pestalozzis Schwäche und der Bosheit Schmids begründet wird. Aber im Unterschied zu vielen anderen Polemiken stand jetzt auch Pestalozzi im Zentrum der Kritik, dem gegen Schluss des Buchs ein ganzer Katalog von schweren Verfehlungen und Irrtümern öffentlich an den Kopf geworfen wurde.

Pestalozzi reagierte sofort, empört, entsetzt und gekränkt. Die Handschriften zeigen, dass er außer sich gewesen sein muss, vergaß er doch über Seiten, den Federkiel in die Tinte zu tauchen, sodass ganze Passagen als «Gravuren» ohne Tinte gelesen werden müssen. Die Reaktion ist modellhaft, weil sie erneut das Leiden ins Zentrum rückt. «O, ich leide unaussprechlich», beginnt seine erste Aufzeichnung Ende Januar 1827, die deutlich machen soll, dass die Welt seinem Werk gegenüber undankbar gesinnt sei.

> Zitat
>
> **«Man verschmäht und beschimpft den alten, schwachen, gebrechlichen Mann und sieht ihn jetzt nur noch als ein unbrauchbares Werkzeug an; dies tut mir nicht meinetwegen weh, aber es tut mir weh, dass man auch meine Idee verschmäht und verachtet, und unter die Füße tritt, was mir heilig war, und wonach ich während meines langen, kummervollen Lebens gerungen habe. Sterben ist nichts; ich sterbe gerne; denn ich bin müde und möchte endlich Ruhe haben, aber gelebt zu haben, Alles geopfert zu haben und Nichts erreicht zu haben und immer nur gelitten zu haben und Nichts erreicht zu haben und Alles zertrümmert zu sehen und so mit seinem Werk ins Grab zu sinken – ... O, das ist schrecklich, und ich kann es nicht aussprechen, und ich wollte gerne noch weinen, und es kommen keine Tränen mehr ... Und meine Armen, die gedrückten, verachteten und verstoßenen Armen ... Arme, man wird auch Euch, wie mich, verlassen und verstoßen.» (PSW XXVIII, S. 351)**

Tod, Stille und beginnender Kult

Pestalozzi sollte nicht mehr erleben, dass eine Replik seinerseits, die er nicht mehr fertig stellen konnte, gar nicht nötig gewesen wäre, stieß doch Bibers Buch fast einhellig auf negatives Echo, sodass Schmid aus dem ganzen Streit wieder gestärkt hervorging. Selbst alte Kritiker Pestalozzis lehnten die «Schandschrift» ab, und Niederer war lange Zeit damit beschäftigt, die Wogen der Empörung zu glätten. Seine Frau Rosette Niederer-Kasthofer, die Pestalozzi einst als Leiterin des Töchterinstituts nach Yverdon geholt hatte, schrieb in der Folge der öffentlichen Empörung einen Brief an Pestalozzi, in dem sie ihn in außerordentlich gehässiger Weise noch einmal aller Schuld bezichtigte. Der Brief sollte Pestalozzi allerdings nicht mehr erreichen, wurde er doch erst am Tag seines Sterbens von Yverdon aus auf den Neuhof versandt.

Ende Januar hatte sich Pestalozzis Gesundheitszustand stark verschlechtert. Am 13. Februar diagnostizierte der Hausarzt diverse Gebrechen und eine allgemeine Schwäche, aber auch entzündete Augen, Schlaflosigkeit und eine nachlassende Muskulatur der Harnblase sowie Verstopfung – die auf Pestalozzis ununterbrochenem Arbeiten an der Replik gegen Bibers Angriff zurückgeführt wurden. Am 15. Februar wurde der Zustand so gravierend, dass Pestalozzi von seinem Enkel Gottlieb und dessen Gattin Katharina auf einem Schlitten nach Brugg gefahren wurde, um näher bei ärztlicher Hilfe zu sein, obgleich Pestalozzi guten Mutes gewesen zu sein scheint, wieder auf seinen Neuhof zurückzukehren. Zwei Tage später aber, am Morgen des 17. Februar, verstarb er, gemäß ärztlichem Bericht ruhig und entspannt. Am 19. Februar 1827 wurde Pestalozzi beim alten Schulhaus in Birr feierlich beigesetzt. Prominenz war an dieser Feier durchaus vorhanden, aber in einer dem (ehemaligen) Ruhm Pestalozzis kaum angemessenen Weise. Pestalozzi hatte selbst eine Grabschrift entworfen, die nicht frei von Bitterkeit war und letztlich auch nicht verwendet wurde: «Auf seinem Grab wird eine Rose blühen, deren Anblick Augen weinen machen wird, die bei seinem Leiden trocken geblieben sind.» (PSW XXVIII, S. 380)

Nach Pestalozzis Tod gab es zahlreiche Aspiranten auf das geistige Erbe Pestalozzis, allen voran Schmid, den Pestalozzi in seiner letzten Willenserklärung vom 15. Februar 1827 als Vollstrecker seiner Pläne bestimmt hatte. (PSW XXVIII, S. 375–379) Aber auch Niederer gab sich versöhnlich, und die Zeitungen berichteten respektvoll über das Leben des Verstorbenen. Dann aber stand die Schweiz am Vorabend der «Regeneration», die um 1830 die «Restauration» beendete und in vielen Kantonen den Menschen neue Verfassungen und damit die (repräsentative) Demokratie gab. In der Neugestaltung des Schulwesens, das mit diesen politischen Umänderungen notwendig wurde, spielten die Pestalozzianer zwar noch eine gewisse Rolle, doch passte das Konzept der «Methode», das letztlich immer auf die Erziehung in der Wohnstube und damit auf die Mütter zielte, nicht wirklich in ein modernes Schulsystem – diese Kritik war ja schon 1810 im *Bericht über die Pestalozzische Erziehungs-Anstalt zu Yverdon* geäußert worden und hatte nichts an Wahrheit eingebüßt.

Die «Regeneration» verlief keineswegs linear, und die Kantone und die Schweiz insgesamt mussten zahlreiche politische Umstürze und Querelen erdulden; Schule und Pädagogik spielten darin nur eine untergeordnete Rolle und wurden vor allem im Umfeld der religiösen Erziehung diskutiert. In der Mitte der 1840er-Jahre gab es einen, wenn auch kleinen Bürgerkrieg zwischen den fortschrittlichen reformierten und den katholischen Kantonen der Innerschweiz, der mit dem Sieg der Ersteren und mit der Verabschiedung einer eidgenössischen Verfassung 1848 endete. Kurz zuvor ereignete sich Pestalozzis 100. Geburtstag, der allerdings vor allem in Deutschland gefeiert wurde, insbesondere von der Lehrerschaft, die in Pestalozzi ihren «Standesheiligen» gefunden hatte, eine Galionsfigur, die sich für die Durchsetzung standespolitischer Anliegen bestens eignete. Federführend an dieser Pestalozzi-Renaissance war, unter anderen, Adolph Diesterweg (1790–1866), der sich schon Ende der 1820er-Jahre mit Niederer über die richtige Auslegung der pestalozzischen «Methode» öffentlich angelegt hatte. Allerdings hatten sich die deutschen Pestalozzianer im Geburtsjahr Pestalozzis geirrt und die Feier schon 1845 gesetzt, was es der Schweizer Lehrerschaft immerhin ermöglichte, zum richtigen Zeitpunkt – 1846 – den 100. Geburtstag des mittlerweile fast vergessen gegangenen Pestalozzi feierlich zu begehen.

Damit begann der «Aufstieg» Pestalozzis zum «Heiligen» der Pädagogik, zur Kultfigur, auf die vor dem Hintergrund des totalen Engagements für die Sache der Erziehung immer Bezug genommen werden konnte. Weniger die «Methode» stand im Mittelpunkt des Interesses als die Person, was sich sehr einfach an den Publikationen nachvollziehen lässt. Schulbücher, die sich auf Pestalozzi oder dessen «Methode» bezogen, verschwanden nach 1840, die Publikationsdichte von Biografien und einschlägigen Werkausgaben – *Die Abendstunde eines Einsiedlers* (1780), *Lienhard und Gertrud* (1781), *Stanser Brief* (1807) – stieg hingegen an. Während Pestalozzi in Deutschland zum Gründer der modernen Volksschule – und später zum Urvater der Sozialpädagogik – stilisiert wurde, erhielt er in der Schweiz gegen Ende des 19. Jahrhunderts in den Spannungen des «Kulturkampfs» zwischen Katholiken und Reformierten auch noch die Rolle des nationalen Einigers, eine Rolle, in der er sich sicherlich gerne gesehen hätte und selbst auch gesehen hat. Dass ein Bundesrat die Organisationskomitees der Jubiläumsfeiern 1896 und auch später präsidierte, war eine Selbstverständlichkeit.

Die standespolitisch und national geleiteten Interessen an der Figur Pestalozzi vermengten sich schnell mit der Forschung über Pestalozzi und standen dieser oft auch Pate. Ein Großteil der Forschung bewegte sich in der Folge im Schnittfeld von Bewunderung und Erklärung, auch wenn es gelegentlich zu eigentlichen Befreiungsschlägen kam, wie etwa in Siegfried Bernfelds *Sisyphos oder die Grenzen der Erziehung* (1925). Aber die eigentümliche Verschränkung von engagiertem Leben und Bedeutung des Werks, die Pestalozzi selbst schon erfolgreich propagiert hatte, schränkte die Möglichkeiten einer historisierenden Analyse des Werks stark ein. Der protestantische Topos von Leiden und Erlösung dominierte den «Diskurs» zu stark, um das Werk vor dem zeitgenössischen Hintergrund Pestalozzis zu rekonstruieren und vor allem seine eminent republikanische, das heißt politisch-ethische Verankerung zu würdigen. Immerhin wurde 1996, anlässlich der 250-Jahr-Feierlichkeiten, die Forderung nach einer solchen Rekonstruktion unmissverständlich gestellt, was den Boden für einschlägige Studien zu Pestalozzi, die seither erschienen sind, bereitgestellt hat. Ob sie allerdings nachhaltige Wirkung haben werden, wird erst die Zukunft zeigen.

Literatur

Hager, Fritz-Peter & **Tröhler**, Daniel (Hg.) (1996): Pestalozzi – wirkungsgeschichtliche Aspekte. Dokumentationsband zum Pestalozzi-Symposium 1996 (Neue Pestalozzi-Studien, Band 4). Bern: Haupt

Oelkers, Jürgen & **Osterwalder**, Fritz (1995): Pestalozzi – Umfeld und Rezeption. Studien zur Historisierung einer Legende. Weinheim: Beltz

Osterwalder, Fritz (1996): Pestalozzi – ein pädagogischer Kult. Weinheim: Beltz

Stadler, Peter (1993): Pestalozzi. Geschichtliche Biographie. Band 2. Von der Umwälzung zur Restauration. Zürich: NZZ, S. 527–591

Anhang

Verzeichnis der zitierten Werke

Bemerkung: Um die Lesefreundlichkeit zu erhöhen, wurde in den Zitaten, wo nötig, die Sprache modernisiert. Die originalen Lesarten sind in den folgenden Werken nachzulesen:

PSB = Pestalozzis Sämtliche Briefe. **Pestalozzianum / Zentralbibliothek Zürich** (Hg.). Zürich 1946-1995
PSW = Pestalozzis Sämtliche Werke. **Buchenau,** Artur, **Spranger,** Eduard & **Stettbacher,** Hans (Hg.). Berlin/Zürich 1927-1996
SBaP = Sämtliche Briefe an Pestalozzi. **Horlacher,** Rebekka & **Tröhler,** Daniel (Hrsg.): Zürich 2008 ff.
NPS = Neue Pestalozzi-Studien. **Tröhler,** Daniel (Hg.). Bern 1993 ff.

Biester, Johann Erich (1804): [Einleitung und Kommentar]. In: Neue Berlinische Monatsschrift 1804, Band 1, S. 122-123 und S. 137-146
Girard, Gregoire (1810): Bericht über die Pestalozzische Erziehungs-Anstalt zu Yverdon, an Seine Excellenz den Herrn Landamman und die Hohe Tagsatzung der Schweizerischen Eydgenossenschaft. Bern: Ludwig Albrecht Haller
Ith, Johann Samuel (1802): Amtlicher Bericht über die Pestalozzische Anstalt und die neue Lehrart desselben. Bern: Buchdruckerei Stämpfli
Luginbühl, Rudolf (1902): Philipp Albert Stapfer, helvetischer Minister der Künste und Wissenschaften (1776–1840): ein Lebens- und Kulturbild. 2. Auflage, mit einem Anhang. Basel: R. Reich
Morf, Heinrich (1885): Zur Biographie Pestalozzi's. Ein Beitrag zur Geschichte der Volkserziehung. Dritter Theil. Von Burgdorf über Münchenbuchsee nach Yverdon. Winterthur: Bleuler-Hausheer & Co.

Zeittafel

1746	12. Januar: Geburt in Zürich
1754–1765	Besuch der Lateinschule, des Collegium Humanitatis, des Collegium Carolinum. Mitgliedschaft in der patriotisch und kulturkritisch gesinnten *Moralisch-politischen und historischen Gesellschaft*
1766	Erste Veröffentlichung *Agis*
1767–1768	Lehre bei Johann Rudolf Tschiffeli in Kirchberg
1768–1769	Ankauf von Land im Birrfeld, Bau des Neuhofs und Heirat mit Anna Schulthess
1770	13. August: Geburt des Sohnes Hans Jakob
1773	Frühindustrielle Produktion auf dem Neuhof
1777–1778	Veröffentlichung der *Neuhof-Schriften*
1779–1780	Finanzieller Kollaps des Neuhofs
1781–1787	Veröffentlichung der vier Teile von *Lienhard und Gertrud*
1797	Veröffentlichung der *Nachforschungen*
1798	5. Dezember: Pestalozzi wird zum Leiter des Waisenhauses in Stans berufen
1799	Juni: Das Waisenhaus in Stans wird von der Regierung geschlossen, weil die Räumlichkeiten als Lazarett gebraucht werden
1800	Pestalozzi wird Nachfolger von Johann Rudolf Fischer. Er soll im Schloss Burgdorf ein «Nationalinstitut» (Lehrerbildungseinrichtung) aufbauen
1801	*Wie Gertrud ihre Kinder lehrt* erscheint und erregt große Aufmerksamkeit
1801	15. August: Tod des einzigen Sohnes Hans Jakob
1802	Prüfung der Anstalt durch Johann Samuel Ith. Die positive Beurteilung verstärkt den Besucherstrom nach Burgdorf
1803	Die ersten Methodenbücher werden veröffentlicht
1804–1805	Das Institut wird nach Münchenbuchsee verlegt. Das gemeinsame Institut mit Philipp Emanuel von Fellenberg scheitert nach einem Jahr
1804	Pestalozzi baut parallel zu Münchenbuchsee das Institut in Yverdon auf
1808	Das Institut erreicht seinen zahlenmäßigen Höhepunkt
1809	Offizielle Gründung der Töchterschule in Yverdon
1809	Eine durch die eidgenössische Tagsatzung eingesetzte Kommission untersucht das Institut in Yverdon; der eher kritische Bericht erscheint 1810

1810	Joseph Schmid verlässt nach Meinungsverschiedenheiten das Institut in Yverdon, er kehrt 1815 wieder zurück
1815	11. Dezember: Anna Pestalozzi-Schulthess stribt
1816	Nach dem Ausbruch offener Streitigkeiten verlassen einige Lehrer das Institut, ein Teil davon gründet Konkurrenzschulen in Yverdon
1818	Gründung einer Armenerziehungsanstalt in Clindy bei Yverdon
1825	Nach Streitigkeiten mit den kantonalen und lokalen Behörden verlässt Pestalozzi Yverdon und geht zurück auf den Neuhof
1826	Veröffentlichung des *Schwanengesangs*
1827	17. Februar: Pestalozzi stirbt in Brugg

Personenregister

Agis († 241 v.Chr.): 26, 27, 72
Bernfeld, Siegfried (1892–1953): 98
Biber, Eduard (1801–1874): 94, 95, 96
Biester, Johann Erich (1749–1816): 41, 69
Bodmer, Johann Jacob (1698–1783): 20, 21, 25, 26
Breitinger, Johann Jacob (1701–1776): 21
Brutus Marcus Iunius (85–42 v. Chr.): 25
Campe, Johann Joachim Heinrich (1746–1818): 48
Demosthones (384–322 v. Chr.): 26
Dewey, John (1859–1952): 7
Diesterweg, Adolph (1790–1866): 97
Ewald, Johann Ludwig (1748–1822): 69
Fellenberg, Daniel von (1736–1801): 41
Fellenberg, Philipp Emanuel von (1771–1844): 52, 75
Fichte, Johann Gottlieb (1762–1814): 21, 49, 50, 52
Fischer, Johann Rudolf (1772–1800): 61
Flüe, Niklaus von der (1417–1487): 74
Freire, Paolo (1921–1997): 7
Füssli, Maler Johann Heinrich / Henry Fusely (1741–1825): 24, 25
Gessner, Salomon (1730–1788): 21
Goethe, Johann Wolfgang von (1749–1832): 41, 75
Gottsched, Johann Christoph (1700–1766): 21
Grebel, Felix (1714–1787): 24, 25, 26
Haller, Karl Ludwig von (1768–1854): 92
Hamilton, Alexander (1757–1804): 48
Herbart, Johann Friedrich (1776–1841): 68
Hirzel, Johann Caspar (1725–1803): 21
Humboldt, Wilhelm von (1767–1835): 48, 70
Iselin, Isaak (1728–1782): 34, 37, 39, 40
Ith, Johann Samuel (1747–1813): 66, 68
Joseph II. (1741–1790): 39, 87
Key, Ellen (1849–1926): 7
Kleist, Ewald Christian von (1715–1759): 21
Klopstock, Friedrich Gottlieb (1725–1803): 21
Krüsi, Hermann (1775–1844): 61, 85, 92
Lavater, Johann Caspar (1741–1801): 24, 28
Ludwig XVI. (1754–1793): 48
Luther, Martin (1483–1546): 71

Personenregister

Madison, James (1751–1836): 48
Maria Theresia (1717–1780): 39, 40, 87
Marie Antoinette (1755–1793): 48
Mayo, Charles (1792–1846): 89
Meiners, Christoph (1747–1810): 21
Meyer, Jeremias (1798–1852): 92
Meyer, Johann Rudolf (1739–1813): 44
Montesquieu, Charles de Secondat (1689–1755): 21, 23
Montessori, Maria (1870–1952): 7
Napoléon Bonaparte (1769-1821): 70, 74, 83, 86, 92
Nicolovius, Georg Heinrich Ludwig (1767–1839): 47, 70, 88, 92
Niederer, Johannes (1779–1843): 71, 84, 85, 89, 92, 94, 95, 96, 97
Niederer-Kasthofer, Rosette (1779–1857): 85
Pestalozzi, Gottlieb (1797–1863): 89, 93, 96
Pestalozzi, Hans-Jakob (1770–1801): 30, 61
Pestalozzi, Heinrich Karl (1825–1891): 93
Pestalozzi, Johann Baptist (1718–1751): 25
Pestalozzi, Johann Heinrich (1746–1827): 7, 8, 9, 10, 11, 12, 15, 23, 25, 26, 27, 28, 29, 30, 31, 32, 33, 34, 35, 36, 37, 39, 40, 41, 42, 43, 44, 45, 47, 48, 49, 50, 51, 52, 53, 55, 56, 57, 58, 59, 60, 61, 62, 63, 65, 66, 67, 68, 69, 70, 71, 72, 73, 74, 75, 76, 77, 79, 80, 81, 83, 84, 85, 86, 87, 88, 89, 90, 91, 92, 93, 94, 95, 96, 97, 98
Pestalozzi-Hotz, Susanna (1720–1796): 25
Pestalozzi-Schulthess, Anna (1738–1815): 23, 29, 32, 58, 62, 85
Pierpont Greaves, James (1777–1842): 89
Riemann, Karl Friedrich (1781–1809): 69
Rousseau, Jean-Jacques (1712–1778): 7, 28, 29, 42, 71
Schmid, Joseph (1785–1851): 84, 85, 88, 89, 91, 92 , 93, 94, 95, 96
Schmid, Katharina (1799–1853): 89, 93, 96
Schulthess, Anna (1738–1815): siehe Pestalozzi-Schulthess, Anna
Schulthess, Hans Jacob (1711–1789): 33
Schulthess, Johannes (1744–1830): 28, 29
Stapfer, Philipp Albert (1766–1840): 60, 61, 62, 66
Steinmüller, Johann Rudolf (1773–1835): 67
Tscharner, Niklaus Emanuel von (1727–1794): 34, 37
Tschiffeli, Johann Rudolf (1716–1780): 32
Usteri, Paul (1768–1831): 72
Vogel, David (1760–1849): 71
Washington, George (1732–1799): 48
Wattenwyl, Niklaus Rudolf von (1760–1832): 75

Ortsregister

Auerstedt: 70
Basel: 34
Bern: 29, 32, 33, 34, 35, 56, 60, 61
Birr: 30, 96
Brugg: 9, 91, 96
Burgdorf: 8, 29, 32, 55, 61, 62, 65, 66, 67, 70, 73, 75, 79, 84, 85, 93
Clindy: 83, 88, 89
Dänemark: 70, 79
England: 83, 94
Frankreich: 19, 47, 49, 50, 56, 83, 86, 94
Gurnigel: 60
Hofwyl: 75
Innerschweiz: 57, 60, 97
Irland: 83
Jena: 70
Kirchberg: 29, 32
Münchenbuchsee: 8, 75
Neuhof: 8, 9, 30, 31, 32, 33, 34, 35, 39, 40, 55, 57, 75, 91, 93, 94, 96
Österreich: 41, 83, 86
Preußen: 70, 92
Schenkenberg: 34
Sempach: 77
Spanien: 83
Stäfa: 51, 67
Stans: 55, 57, 58, 59, 61
Ungarn: 83, 87
Waadt: 91, 93
Yverdon: 8, 9, 70, 73, 75, 76, 79, 81, 83, 84, 85, 86, 87, 88, 89, 90, 91, 92, 93, 94, 96, 97
Zürich: 12, 15, 16, 17, 18, 19, 20, 21, 22, 23, 24, 25, 26, 28, 29, 30, 31, 32, 35, 48, 50, 52, 56, 67, 70, 72, *86*, 87

Sachregister

Armenanstalt, Armenerziehung: 34, 35, 40, 76, 88, 89
Armut: 26, 39, 57
Erziehungsinstitute: 75, 93
Französische Revolution: 47, 48, 49, 56, 70
Helvetische Revolution: 56, 86
Institut: 9, 10, 34, 55, 73, 76, 79, 80, 81, 84, 85, 88, 89, 90, 91, 92
Institutsleben, Institutsleiter: 8, 61, 70, 77, 87
Jugendbewegung: 15, 16, 20, 23, 26, 27, 41
Kommerzialisierung: 15, 18, 19, 20, 23
Landwirtschaft, landwirtschaftlich: 8, 9, 16, 28, 29, 31, 32, 33
landwirtschaftsreformerischen: 21
Methode: 8, 9, 10, 11, 55, 60, 61, 62, 63, 65, 66, 67, 68, 69, 70, 71, 72, 79, 80, 81, 83, 84, 88, 91, 93, 94, 97
Oligarchisierung: 16, 18, 20, 24, 26, 35, 50, 56
Propaganda: 11, 65, 67, 85
Religion: 43, 66
Republik, Republiken: 8, 15, 16, 17, 19, 20, 21, 23, 24, 29, 31, 35, 36, 37, 39, 41, 43, 44, 45, 47, 48, 49, 52, 55, 56, 58, 60, 86, 87, 88, 89
republikanisch, Republikanismus: 22, 25, 26, 32, 42, 71, 77, 80, 83, 92, 98
Republikanismus: 32, 71
Töchterinstituts: 96
Tugend: 17, 20, 26, 28, 35, 39, 47, 49, 56, 57, 87, 88
Tugendrepublik, tugendrepublikanische, Tugendrepublikanismus: 17, 20, 32, 35, 37, 39, 40, 42, 49, 51, 54, 56, 57, 86, 87, 88

Hauptthema: Pädogogik/Bildung

Hanno Schmitt / Rebekka Horlacher /
Daniel Tröhler (Hrsg.)

Pädagogische Volksaufklärung im 18. Jahrhundert im europäischen Kontext

Rochow und Pestalozzi im Vergleich

Neue Pestalozzi-Studien. Band 10.
2007. 234 Seiten, 2 Abb., gebunden
CHF 44.– / EUR 29.–
ISBN 978-3-258-07282-1

Dieser Band versammelt Beiträge, die aus unterschiedlichen Perspektiven die vielfältigen Bemühungen um eine verbesserte Volksbildung im 18. Jahrhundert analysieren. Der Blick ist europäisch, wenngleich zwei Exponenten der Bildungsgeschichte im Mittelpunkt stehen, die im deutschsprachigen Raum agierten: Friedrich Eberhard von Rochow und Johann Heinrich Pestalozzi, die zum ersten Mal überhaupt komparativ erforscht werden. Die Studien eröffnen insofern einen neuen Blick auf das 18.Jahrhundert, als die Dynamik von pädagogischen Reformabsichten, Reformversuchen und einschlägigen Berichterstattungen und Debatten greifbarer werden und das Verständnis für die wachsenden Überzeugungen fördern, Erziehung und Bildung könnten soziale Probleme zukunftsgerichtet lösen. Aus diesen Vorstellungen heraus sollte sich die moderne Volksschule im 19.Jahrhundert in einem pragmatischen Prozess entwickeln, das heisst ohne eng an die Konzepte und Versuche des 18.Jahrhunderts gebunden zu sein.

⁞ Haupt   **Haupt Verlag** Bern • Stuttgart • Wien
verlag@haupt.ch • www.haupt.ch

Hauptthema: Pädogogik/Bildung

Severin Strasky

Das Sittliche und das Andere

Rochow und Pestalozzi im Vergleich

Neue Pestalozzi-Studien. Band 9
2006. 212 Seiten, gebunden
CHF 42.– / EUR 27.50
ISBN 978-3-258-07123-7

«Ziginergelüste» und «Talmudsknochen» – damit etikettiert der Pädagoge und Sozialreformer Johann Heinrich Pestalozzi (1746 – 1827) den Gegenpart seines christlich-republikanischen Konzepts der Pädagogik. Pestalozzi gilt oftmals in geradezu hagiolatrischer Manier als «Heros der Menschenliebe» – inwiefern diese Liebe jedoch auch mit Aus- und Abgrenzungen einherging, wird in dieser Studie am Beispiel der Juden und «Zigeuner» aufgezeigt.

Anhand eines biografischen Fallbeispiels werden einige «Schattenseiten» der Schweizer Aufklärung untersucht. So zielten zeitgenössische Tendenzen zwar durchaus auf die Schaffung einer egalitären Gesellschaft mündiger Bürger im Zeichen von Gemeinnützigkeit, Sittlichkeit und Fortschritt, doch wurde diese Gleichheit nicht selten nur in engen Grenzen vertreten.

: Haupt   **Haupt Verlag** Bern · Stuttgart · Wien
verlag@haupt.ch · www.haupt.ch

Hauptthema: Pädogogik/Bildung

Petra Korte

Pädagogisches Schreiben um 1800

Der Status von Schriftlichkeit, Rhetorik und Poetik bei Johann Heinrich Pestalozzi

Neue Pestalozzi-Studien. Band 8.
2002. 451 Seiten, gebunden
CHF 58.– / EUR 36.–
ISBN 978-3-258-06559-5

Die Studie zeigt Johann Heinrich Pestalozzi als Paradigma für den Schriftstellertypus des 18. Jahrhunderts. Intensiv und effizient bediente sich Pestalozzi der Schriftlichkeit als öffentlicher Kommunikationsform – allerdings stets im Bewusstsein, dass diese erst voll wirksam wird, wenn sie möglichst viele Facetten mündlicher Rede und Kommunikation bewahrt. Petra Korte weist nach, dass Schriftsteller-Selbstverständnis und pädagogisches Selbstverständnis, Schreiben und Pädagogik bei Pestalozzi eine Einheit bilden. Schreiben war für ihn pädagogisches Handeln: Je nach Anlass und Thema seiner Schriften wollte er seine Leserinnen und Leser erziehen, bilden und unterrichten.

: Haupt **Haupt Verlag** Bern • Stuttgart • Wien
verlag@haupt.ch • www.haupt.ch

Hauptthema: Pädogogik/Bildung

Michèle Hofmann / Denise Jacottet Isenegger / Fritz Osterwalder (Hrsg.)

Pädagogische Modernisierung

Säkularität und Sakralität
in der modernen Pädagogik

Prisma – Beiträge zur Erziehungswissenschaft
aus historischer, psychologischer und
soziologischer Perspektive. Band 3
2006. 323 Seiten, 21 Abbildungen, kartoniert
CHF 52.– / EUR 34.50
ISBN 978-3-258-07047-6

«Entzauberung» und «Säkularisierung» von Öffentlichkeit gilt seit Max Weber als eines der Merkmale der Modernisierung der westlichen Gesellschaften. Säkularisierung ist seit dem ausgehenden 19. Jahrhundert bis heute aber auch ein Kampfbegriff von Modernität, der sich gleichermassen an Schule wie an pädagogische Diskurse richtet.
Er verweist darauf, dass sich auch in modernen Gesellschaften und in moderner Öffentlichkeit Sakralität fortsetzt oder neu konstituiert.
Pädagogik wie Schule sind in den modernen Gesellschaften Bestandteil von Sakralisierungs- und Säkularisierungsprozessen. In diesem Band wird das Verhältnis von Sakralität und Säkularität in Erziehung, Pädagogik und moderner Schule untersucht.
Mit Beiträgen von Meike Sophia Baader, Johannes Bellmann, Kersten Jacobsohn Biehn, Franco Cambi, Rita Casale, Pierre Caspard, James G. Dwyer, Elisabeth Flitner, Philipp Gonon, Jürgen Oelkers, Fritz Osterwalder, Friedrich Schweitzer, Ulrich Sieg und Daniel Tröhler.

⋮ Haupt   **Haupt Verlag** Bern • Stuttgart • Wien
verlag@haupt.ch • www.haupt.ch

Hauptthema: Pädogogik/Bildung

Harold Baumann

Hundert Jahre Montessori-Pädagogik – 1907–2007

Eine Chronik der Montessori-Pädagogik in der Schweiz

2007. 281 Seiten, 50 Abb.
und Fotografien, kartoniert
CHF 44.– / EUR 29.–
ISBN 978-3-258-07092-6

100 Jahre Montessori-Pädagogik in der Schweiz – dieses wichtige Jubiläum würdigt Harold Baumann mit diesem Buch. Er ordnet die schweizerische Montessori-Pädagogik in die internationale Reformpädagogik ein, skizziert ihre Anfänge im Kanton Tessin, zeigt die Auswirkungen und Einflüsse der Montessori-Bestrebungen in vielen Schweizer Kantonen, u.a. anhand der staatlichen Montessori-Kindergärten im Kanton Wallis. Zudem erläutert er den heutigen Stand der Montessori-Pädagogik in der Schweiz. Harold Baumann ergänzt seine Recherchen durch Beiträge, die ihm von Zeitzeugen überreicht wurden.

«Zu diesem Buch kann man nur gratulieren! Ungemein viele und höchst interessante Fakten, gespickt mit zahlreichen kleinen Anekdoten, machen das Buch zur Pflichtlektüre für jeden an der Montessori-Pädagogik interessierten Zeitgenossen. Der gute Aufbau, die Konzentration auf das Wesentliche, die klar aufgezeigten Zusammenhänge sowie ein spannender Erzählstil werden mit dazu beitragen, dass dieses Buch in Fachkreisen und weit darüber hinaus ein Erfolg wird.»
Peter Fanti, Vizepräsident der Assoziation Montessori (Schweiz), Sektion der Deutschen und Rätoromanischen Schweiz 1999 – 2004

: Haupt   **Haupt Verlag** Bern • Stuttgart • Wien
verlag@haupt.ch • www.haupt.ch

Hauptthema: Pädogogik/Bildung

Johannes Gruntz-Stoll / Edmund Steiner

Tafeln klappern, Griffel kreischen

Lötschentaler Schulgeschichte(n)

2007. IX + 159 Seiten, 29 Abbildungen, kartoniert
CHF 38.– / EUR 24.90
ISBN 978-3-258-07158-9

Anhand von Bildern, Dokumenten, Originalquellen, Berichten und Geschichten wird am Beispiel des Lötschentals ein Stück Walliser Schulgeschichte dargestellt und erzählt: Erzählung und Darstellung zeigen, dass und wie sich Schule – seit Einführung der allgemeinen Schulpflicht in der ersten Hälfte des 19.Jahrhunderts – in der Vergangenheit verändert hat und sich weiterentwickelt in eine Zukunft, für die in der Gegenwart Voraussetzungen geschaffen und Entscheide gefällt werden.

Das Buch wendet sich nicht nur an historisch und schulgeschichtlich interessierte Fachleute aus Bildung und Erziehung, sondern gleichermassen an ein breites Publikum im Kanton Wallis und über die Kantonsgrenzen hinaus, welches an der Region oder am Thema – am Lötschental wie am Schulwesen – Interesse hat.

⁝ Haupt   **Haupt Verlag** Bern • Stuttgart • Wien
verlag@haupt.ch • www.haupt.ch